本书项目资助:

教育部人文社会科学研究青年基金项目
"隔代教育背景下全龄友好型玩教具设计研究"（23YJC760173）

全龄友好型玩教具

隔代教育背景下的
玩教具设计研究

周冰洁　著

 化学工业出版社

·北京·

内容简介

本书立足于隔代教育家庭场景，对玩教具进行了重新思考。"全龄友好型玩教具"概念的提出兼顾了家庭全体成员的需求，实现了玩教具利用率和有效性的提升，更有利于促进整个家庭生命周期的健康发展。本书在设计研究中结合了社会学、教育学、心理学等学科知识，突破了传统玩教具设计中"以儿童为中心"的局限，在代际融合方向上树立了更具包容性的玩教产品创新模式，为玩教具的创新设计提供了新思路。

本书是在进行了大量调研的基础上完成的，着重挖掘隔代家庭中的玩教需求，深入探索玩教具设计策略并进行了设计实践。适合工业设计专业的师生、玩教具设计师、幼儿园教具设计教师及相关学者阅读。

图书在版编目（CIP）数据

全龄友好型玩教具：隔代教育背景下的玩教具设计研究 / 周冰洁著． -- 北京：化学工业出版社，2024. 10. -- ISBN 978-7-122-46639-6

I. G614

中国国家版本馆 CIP 数据核字第 2024UG7638 号

责任编辑：吕梦瑶　　　　　　　　文字编辑：刘　璐
责任校对：边　涛　　　　　　　　装帧设计：韩　飞

出版发行：化学工业出版社
　　　　　（北京市东城区青年湖南街 13 号　邮政编码 100011）
印　　装：涿州市般润文化传播有限公司
710mm×1000mm　1/16　印张 12¼　字数 286 千字
2025 年 1 月北京第 1 版第 1 次印刷

购书咨询：010-64518888　　　　　售后服务：010-64518899
网　　址：http://www.cip.com.cn
凡购买本书，如有缺损质量问题，本社销售中心负责调换。

定　　价：98.00元

伴随着城市化进程的推进和社会老龄化的加速，隔代教育逐渐成为我国家庭教育的主要形式之一。尤其是在学龄前儿童群体中，隔代教育家庭所占比重更高。隔代教育现象的普遍存在改变了传统的亲子家庭教育模式，在儿童启蒙过程中，父母、老人都成了玩教具的主要使用者。用户结构变化带来的诉求差异给玩教具设计师提出了新议题。

由于时代背景和教育理念的差异，祖辈可能在教育方法上相对传统，对现代教育理念和儿童发展需求的理解存在一定局限性。在这种情况下，设计友好型玩教具成为关键的切入点，可以有效地弥补这些可能出现的教育短板。对于成年人来说，了解适合家庭使用的玩教具，可以更好地引导祖辈进行科学的教育实践，加强家庭内部的教育沟通；对于老年人而言，友好的玩教具设计可以让他们在陪伴孙辈的过程中更加得心应手，减少因教育理念差异而产生的困惑。玩教具能成为跨越代沟的桥梁，"全龄友好"是所有使用者共同的愿望。

新家庭场景下，祖辈、父辈、孙辈的影响是相互的，任何两方的关系都会以直接或间接的形式影响第三方。如何协调各家庭成员的玩教需求？如何为隔代家庭设计玩教具？如何将玩教模式聚焦到促进整个家庭全生命周期的健康发展中？基于这样的思考，本书将玩教具设计与社会学、教育学、心理学等相结合进行研究，把全龄友好理念引入玩教具设计研究中，主动突破传统玩教具设计面向单一群体的局限，探索适用于隔代教育家庭的玩教具设计策略并进行设计实践，以期提高隔代教育的质量，助推形成良好的隔代关系和和谐的家庭氛围。

本书按照背景研究、设计方法研究、设计应用研究、最终结论的思路展开，共6章。

第1章介绍了研究背景并简要阐述了相关理论和研究现状。对研究内容进行概念界定，对儿童发展理论、代际融合理论、设计理论等研究进行了论述，包括适老化设计、无障碍设计、通用设计、包容性设计等理论在老年人生活娱乐产品、儿童教育产品和互动产品中的应用。以此作为本书的理论基础。

第2章对隔代互动及玩教具设计现状进行分析。以学龄前儿童玩教具为研究对象，通过市场调研与案例分析，归纳亲子类玩教具的特征，总结现有产品在隔代教育中存在的问题。

第3章深入用户调研，通过观察法、访谈法、问卷法调研典型隔代教育家庭的现状，塑造用户画像，得出祖孙在玩教过程中不同的角色功能；利用用户画像归纳典型的隔代玩教互动方式，总结隔代家庭中的玩教需求并形成用户需求层次排序。

第4章提出全龄友好型玩教具的概念，介绍了全龄友好型玩教具的内涵，利用矩阵图法剖析玩教具的设计要素，将设计要素与友好型指标关联起来，由此明确全龄友好型玩教具的设计原则。

第5章立足全龄友好型玩教具内涵，参考多种设计理论，构建设计概念模型。根据玩教具设计要素矩阵，提出具体设计策略，包括辅助引导型设计、代际无障碍设计、玩教可持续设计。

第6章将设计策略运用到具体玩教具的设计实践中，运用情景法、方案推导、故事板、快速原型进行玩教具的设计与展示。

本书选题与内容源于作者团队近年来的学术与实践研究积累，设计实践部分选用了作者指导的毕业生吴林辉、唐小芹、彭璐、朱新婕的部分设计案例，在此结集出版以期抛砖引玉。本书的研究工作得到了教育部人文社会科学研究项目（23YJC760173）的资助，特此表示衷心感谢。本书的顺利完成也得益于长沙师范学院提供了有利的工作条件和良好的学术氛围。在此向支持和关心我的单位和个人，表示真挚的感谢！希望通过这本书，能够让更多人理解玩教具对儿童成长的重要性，让"友好"话题渗透到社会的更多层面。

周冰洁

2024 年 7 月

/ 目录

第 1 章
/ 绪论

《中国发展报告 2020：中国人口老龄化的发展趋势和政策》研究预测表明：到 2050 年，中国 65 岁及以上的老年人口将达 3.8 亿，占总人口比例近 30%；60 岁及以上的老年人口将接近 5 亿，超过总人口比例的 1/3。我国将成为亚洲老龄化水平第四高的国家，仅次于韩国、日本和新加坡。中国教育学会家庭教育专业委员会于 2017 年发布的《中国城市家庭教养中的祖辈参与问题调查报告》中显示，祖辈参与教养的家庭近八成。其中幼儿园前为 77.7%，幼儿园期间是 72.9%，小学阶段占 60.1%。由此可见，隔代教育已成为我国社会的普遍现象。因为隔代家庭的产生，围绕"相处"与"教育"产生的问题越发凸显。

隔代教育现象的普遍存在导致了隔代互动行为的产生。玩教具是家庭成员互动交流的桥梁，祖孙相处过程中必然会使用玩教具。然而由于存在代际隔阂，依靠传统的玩教具难以达成有效和谐的玩教互动。

现有的玩教具设计仅从儿童角度出发，单单围绕儿童翻新花样，很少切合实际的家庭教育场景。由于老人的教育观念、文化水平、行为能力的限制，往往不能使玩教具发挥最优价值。如何通过合理设计玩教具帮助祖孙更好地互动，在发挥隔代教育的积极影响的同时避免消极影响，是从设计学角度研究隔代教育的关键。

1.1 / 隔代教育——典型的新家庭场景

隔代教育是指祖辈（包括祖父母和外祖父母）对孙辈进行照顾、抚养和培育的一种教育形式，是一个相对于亲子教育的概念。随着社会的发展与变迁，家庭结构与人口数量发生改变，当父母无法亲自照顾子女时，通常会将子女委托给孩子的祖父母或外祖父母照顾。父母与子女相处的时间一般在周末或者工作日的晚上，因此大部分时间都是祖父母或外祖父母和孩子相处。祖辈的参与可以给孩子提供额外的情感支持，传递传统价值观，增进家庭关系。

家庭教育场景

由于祖辈的身心状态、知识水平以及生活观念等因素的差异，给予孙辈的教育可分为四种不同类型：第一，守旧型，祖辈保持着传统过时的观念，只关心孩子物质方面的需求，而忽略了孩子在人际交往、意志力等心理发展上的需要；第二，纵容型，祖辈毫无原则地袒护包容孩子，极端的溺爱行为使孩子的成长发展畸形；第三，身教型，祖辈为孩子树立榜样，示范正确的言行举止，孩子在与祖辈的朝夕相处中潜移默化地形成了许多优良品质和生活习惯；第四，民主型，家庭中所有成员的意见和看法都及时得到交流和反馈，祖辈、父辈及孙辈之间能有效沟通，消除彼此之间的隔阂。

目前，国内外在隔代教育领域已有大量研究，主要集中于社会学、心理学、教育学三个领域。社会学主要关注隔代教育的成因、现状，包括老年人的身心健康与生活环境转变带来的相关矛盾。曼彻斯特大学的谢丽尔·韦茨（Cheryl E. Waites）等人指出，隔代互动活动可以提供一种机制帮助祖孙相互作用，并通过祖孙之间的自然共享促进关系发展。比如祖孙可以选择参与共同的活动，如玩游戏、参加娱乐活动、互相传授新技能等。心理学主要关注隔代教育对儿童心理发育与成长轨迹的影响，苏茜·斯宾塞（Susie A. Spence）（2001 年）指出，祖辈所扮演的角色由辅导者逐渐转变为引导者，祖孙间的情感互动变得尤其重要，并且持续影响着孙辈的心理发展。陈丽丽（2018 年）指出，隔代教育质量的差异将形成不同的孙辈依恋（依赖）情形，并进一步对儿童产生积极或消极的影响。教育学则更多地将关注点聚焦在隔代教育对幼儿教育的影响或两代人关于教育理念的偏差及矛盾上，毕扬等（2019 年）对新时代隔代教育的成因、利弊，以及家庭和社会的应对等进行了分析。李娟（2019 年）对隔代教育的内在价值进行了深度发掘。

随着隔代教育现象的凸显，国内外已经有一些学者通过设计手段来帮助促进隔代互动。马克瑞斯（Mark Rice）等人（2012 年）开展了 3 个共同创造游戏的隔代产品设计工作坊，在研究讨论环节建议在设计隔代产品时应考虑以下因素：不同群体能力上的差异、如何利用不同群体的专业知识、产品的可扩展性和动机因素、尝试转换互动场所、地域需求。索尼娅·派德（Sonja Pedell）等人（2014 年）通过绘制表示代际乐趣的 AOSE 模型 ❶，使用参与式设计的方法设计家居产品，调节祖孙之间共同的体验和情感。韦韩（Weihan）等人（2018 年）提出代际学习能有效地帮助老年人使用智能产品，娱乐化的学习在代际学习过程中对老年人的学习热情和有效性方面起着重要作用。邓丹妮和沈杰在《互助学习视角下隔代互动产品设计研究》（2019 年）一文中总结出祖孙在隔代互动中可连接的需求，提出从互助共进的角度开发隔代互动产品的新设计思路。邓嘉瑶（2018 年）使用了 SAPAD 理论框架 ❷，得出基于祖孙共同核心意义的设计机会点，设计了户外游乐设施以增强祖辈对孙辈的引导互动。梁罗丹等人在《代际沟通下的叙事交互设计策略》（2019 年）一文中阐明了积极代际沟通中的三要素，形成设计策略，并依据设计策略设计两个跨代际故事分享平台，达到基于共同兴趣来互动交流的目的。王世震（2020 年）通过对"新老年人"人群的特征与需求进行分析，将新老年人的互动需求映射到娱乐产品功能与使用场景中。薛艳敏（2022 年）从社会学中的代际融合视角出发，将代际融合理论应用到隔代亲子产品的设计研究中，得出隔代亲子产品设计的结构、共识、联系、规范、功能和情感等六大属性。可见，现有与隔代相关的设计研究主要聚焦于代际游戏互动，相关的产品设计也多集中在娱乐类产品，针对玩教具的设计研究相对较少。

1.2 / 全龄友好建设

"全龄友好"理念有着一定的国际、国内背景与历史沿革，相关概念主要包括"老年友好城市""儿童友好城市"和"终生友好社区"。

---

❶ AOSE 模型用于表示和讨论不同群体的用户动机，并作为现场工作人员和软件工程师之间的沟通工具。

❷ Semiotic Approach to Product Architecture Design，基于符号学路径下的产品建构。它是从用户"行为""物"和"意义"的角度探讨产品创新建构的方法模型。

　　"全龄友好"理念最早出现在 1985 年，美国学者梅斯（Ronald Mace）在 *Universal Design* 一文中提出了"为所有人的设计"（design for all），重点从无障碍通用设计的普适性进行了论述。英国学者于 1991 年从住宅层面提出了"全龄住宅"（lifetime homes）理念，进而在 2011 年扩展到社区层面的"全龄社区"（lifetime neighbourhoods）。全龄社区是指无论年龄大小，尽可能地为每位居民提供包括住房、公共服务设施、户外环境等物质空间和共享的社会空间，使居民能够从中获得健康、福祉和公众参与机会的社区。"全龄友好"体现为包容性思想，即面向并回应各类人群身边的服务需求。城市层面的"全龄友好"最早出现于 1996 年，由联合国儿童基金会与联合国人居署在"儿童友好城市倡议"中提出城市应"适合所有人居住"（to make cities liveable places for all）。2007 年，世界卫生组织在其颁布的《老年友好型城市指南》中，强调城市和社区应对所有人都友好，提出了全龄友好型城市和社区的框架，它是指通过设计与物质和社会环境有关的政策和服务来支持各年龄段的人，这些政策和服务可帮助居民特别是老年人与儿童安全地生活，享受健康，并保持社会参与积极性。同样在 2007 年，英国住房建设部和相关部门联合发布《迈向终生社区》（Towards lifetime neighborhoods）报告，系统阐述了"终生社区"的概念。终生社区，一方面通过改善社区的无障碍设施和增加包容性设计，使居民无论年龄和身体状况如何，都能够尽可能长久地住在自己家里并能参与社区活动；另一方面则强调居民的健康和福祉，将住房、健康、社会服务三者紧密联系起来，为所有年龄阶段的居民提供高质量的生活服务。2014 年，英国学者费舍（Keri Facer）等人结合老年友好城市和儿童友好城市的定义及特征，提出"全龄友好城市"（all-age friendly city），并将其定义为"在民主进程、规划和设计中考虑到所有年龄层人群的需求和利益的城市环境"。

全龄友好建设脉络

近年来，在全世界范围内，两个平行运动——老年友好和儿童友好运动正在兴起，分别关注老年群体和儿童群体的利益和需求。人口长期均衡发展和养老托育服务体系建设问题日益受到全社会高度关注，"全龄友好社区"建设受到我国的重视。当前以"一老一小"为重点，建立健全覆盖全生命周期的服务体系已经成为我国制定公共政策的新焦点。全龄友好社区建设的提质升级，需要科技创新的引领和推动，实现新旧动能转换。

国内学者在"全龄"方面的研究主要集中在城市规划、建筑设计、环境设计等领域。在宏观层面的研究主要集中在更新政策的研究、更新目标以及配套设施的规划上；在中观层面上，主要集中于在生活圈以及街区尺度上对老年人行为活动以及环境满意度的评价上；在微观层面，主要集中在针对具体的空间和设施问题进行研究，例如无障碍适老化的改造、慢行空间设计以及具体规划模式的研究。如桑懿（2022年）从"全龄"角度对城市家具目前存在的问题及未来发展策略提出建议；赵世磊（2022年）将全龄友好思想引入铁路客站设计，提出了具有普遍适用性的全龄友好铁路客站无障碍设计新方法；沈思栋（2022年）聚焦于全龄友好型植物景观设计研究，从包容性理念切入，针对老人、儿童等特殊年龄段人群需求提出相应植物景观设计策略。近年来，全龄友好的研究对象从单一的儿童、老年群体，逐渐过渡为实现代际互助目标的包含老幼年龄段的复合群体。

1.3 / 不可或缺的玩教具

玩教具是具有娱乐性的教学辅助工具。玩教具的使用人群为学龄前儿童，它集玩具的娱乐属性与教具的教育属性于一体。幼儿的学习有自身的特点，需要通过视、听、感、触等多种感官的共同参与，才能达到最佳效果。幼儿通过研究玩教具，能在玩中学，学中玩。这一方式既能满足孩子游戏的需要，又能让幼儿在摆弄玩教具中建立起真实事物与抽象概念之间的联系。色彩斑斓的拼图可以锻炼他们的观察力和手部的精细动作；柔软可爱的毛绒玩具可以成为他们倾诉的伙伴；各种积木搭建类玩教具则能激发他们的空间想象力和创造力。在儿童的成长阶段，合适的玩教具就像是一把把神奇的钥匙，打开一扇扇通往知识和能力的大门。这些玩教具不仅给儿童带来欢乐，更在潜移默化中促进了其心理、生理和认知能力的发展。玩教具的设计考虑了儿童的认知特点、发展需求和兴趣，以吸引他们的注意力、激发好奇心，并通过实际操作、探索和体验帮助他们建立知识、技能和解决问题的能力。在家庭教育中，玩教具扮演着重要角色，对培养孩子的智力、情感和社交能力有着深远影响。

在理论研究方面，美国教育学家霍华德·加德纳、卢梭、皮亚杰、蒙台梭利等著名教育学家都专注于幼儿教育理论的研究，这些理论也推动了玩教具的设计创新。在实践研究方面，国外学者充分地将理论研究用于玩教具设计实践中，注重对儿童身心发展各个阶段的探索，设计科学的玩教具可促进儿童多感官发育。福禄贝尔创建了第一所幼儿园，并以"连续发展理论"为基础设计了第一套玩教具——恩物教具（Froebel Gifts）。恩物教具可以是玩具、工具、乐器等，其设计目的是激发儿童的好奇心和创造力。蒙台梭利从他的教育思想主张出发，设计了以其名字命名的蒙台梭利教具，主要分为五类：感官教具、数学教具、日常生活教具、语言教具、文化教具，这些教具的设计目的是帮助儿童进行逐步学习和发展，从简单到复杂，从基础到高级。目前国外的玩教具已较为成熟，形成鲜明的品牌化特征，可玩性较高并且十分注重产品的创新研发，例如美国的孩之宝（Hasbro）、丹麦的乐高（Lego）、德国的摩比世界（Playmobil）等。

从 20 世纪 80 年代起，我国开始通过编订《幼儿园教玩具配备目录》指导和规范幼儿园玩教具配置。玩教具对学前教育的质量产生了重要影响。目前，玩教具设计以儿童为中心，关注点落在儿童生理及心理特点、多感官体验、人性化设计、益智设计等方面。孙学敏（2017年）研究了玩教具对儿童成长的影响，重点探讨了玩教具应遵循的设计原则与设计方法；杨一凡（2019 年）将互动设计理念应用于方位知觉训练玩教具设计中，得出了具体的互动体验流程与方法，实现了针对儿童方位知觉训练的互动式玩教具创新设计；张丙辰（2021 年）通过构建 RCFBS 设计模型 ❶，总结产品语义的扩散过程并运用于儿童玩教具创新设计中。目前国内较为知名的玩教具品牌有"好孩子""七色花""澳贝""火火兔""木玩世家"等，这些品牌针对儿童的认知需求，创新设计了各类产品。虽然国家政策对玩教具配备进行了科学化、规范化管理，但是我国玩教具设计研究与发达国家相比无论是理论研究还是设计实践都存在较大差距。

隔代教育是一个综合性的社会问题，而设计学科具有先天的交叉性和开放性。当前关于"全龄"的理论和实践探索处于初步阶段，在产品设计领域的应用较少。传统设计研究大多只关注于某一类人群，较少整体关注不同年龄群体之间的需求关系。隔代教育映射下的相关设计问题仍然突出，特别在玩教具设计方面有很大的探索空间。"全龄友好"

---

❶ RCFBS 设计模型：包括 16 种不同的设计操作，有需求、认知、功能和行为，可以被分成两个集合，分别是预想的需求（Re）、认知（Ce）、功能（Fe）、行为（Be）和来自结构的需求（Rs）、功能（Fs）、行为（Bs）、认知（Cs）。RCFBS 设计模型描述了创新设计和用户认知过程中的关联。

引导人们更多地聚焦于从幼儿到老人的全人群需求，为玩教具创新设计提供了新的思路，在隔代教育场景中有较高的应用价值和应用潜力。

1.4 / 玩教具设计相关理论

1.4.1 儿童发展理论

（1）行为主义理论

行为主义理论是由美国心理学家华生（John B. Watson）于1913~1930年在巴甫洛夫条件反射学说的基础上创立的心理学理论。华生主张心理学应该摒弃意识、意象等太多的东西，只研究所观察到的、能客观地加以测量的刺激和反应，无须理会其中的中间环节，华生称之为"黑箱作业"。他认为人类的行为都是后天习得的，环境决定了一个人的行为模式，无论是正常的行为还是病态的行为都是经过学习而获得的，也可以通过学习而更改、增加或消除。他认为查明了环境刺激与行为反应之间的规律性关系，就能根据刺激预知反应，或根据反应推断刺激，达到预测并控制动物和人的行为的目的。华生认为，行为就是有机体用以适应环境刺激的各种躯体反应的组合，有的表现在外表，有的隐藏在内部，在他眼里人和动物没什么差异，都遵循同样的规律。

行为主义理论认为个体的行为是可以被塑造的。强化是其中一个重要的概念。如果行为的结果被强化，那么行为会被习得，当儿童处于类似情境时会再次出现。未获得强化的行为，或者被忽视的行为，将从儿童的行为库中消失。因此，为了形成和控制一种行为，必须有大量、及时的强化。该理论强调环境对行为的影响，提倡通过奖励和惩罚来塑造和改变儿童的行为，强调观察和实验的科学研究方法。

行为主义理论对家庭教育有一定的启示，具体如下。

①积极鼓励的方式有助于塑造儿童良好的行为习惯。如当儿童礼貌待人、热心帮助他人时及时进行表扬和鼓励。

②忽视的方式可以消退儿童不好的行为。如儿童在 2~3 岁会有一个阶段喜欢说骂人的话，他们可能是从周围环境中学会了这种语言，觉得有意思而反复使用。如果家长忽视这种行为，儿童在觉得没有意思后就不会再使用了。

③小步子技能学习的行为强化具有连锁作用。将复杂的技能分解为一系列小的技能，当儿童在小的技能上不断得到强化，最终将促进复杂技能的学习。

（2）社会学习理论

社会学习理论是由美国心理学家阿尔伯特·班杜拉（Albert Bandura）于 1952 年提出的，其内容主要包括观察学习理论、交互决定理论、自我调节理论、自我效能理论。班杜拉把环境、主体和行为视为一个整体，其认为在反应过程中，并非其中一组因素独立起作用，而是三组因素都作为决定因素相互起作用，这是一个交互决定的过程，行为因素、人的因素和环境因素都是相互联结起作用的决定因素，人的成就是环境和其他因素相互作用的结果，包括天赋潜能、后天努力、内省及自我创造力。

班杜拉把自我效能定义为人们关于自己是否有能力控制影响其生

活的环境事件的信念，即个体对自己能否在一定水平上完成某一活动所具有的能力判断、信念或主体自我的把握与感受。自我效能的形成主要受五种因素的影响，包括行为的成败经验、替代性经验、言语劝说、情绪的唤起以及情境条件。以往的成败经验是自我效能感形成的重要前提，成功的经验使个体对自己的能力充满信心，形成较高的自我效能感。而替代性经验是通过观察他人行为获得的，当观察到与自己能力、水平相似的人获得成功，则会增强自己的信心。言语劝说是通过接受他人认为自己具有完成某一任务的能力的言语的鼓励而提高自我效能感。

社会学习理论认为个人行为是通过后天习得的，可以通过直接学习获得相关技能，也可以通过模仿群体中其他个体的行为进行学习。观察学习不同于模仿，观察学习是一种较为复杂的学习过程，是从他人的行为及其后果中获得信息，其中可能包含模仿，也可能不包含模仿，班杜拉认为观察学习不要求必须有强化，也不一定产生外显行为，而由注意过程、保持过程、运动再现过程、动机过程这四个过程决定。

在家庭教育中，这一理论强调父母作为榜样的作用，以及家庭成员之间相互影响的重要性。学龄前儿童处在心智发展的关键时期，通过观察他人行为、获得反馈和奖励来学习和形成行为模式。作为老年人经历了自身、家庭、社会发展的不同阶段，是智慧而又固执的群体。面对隔代教育任务，应利用玩教具搭建互动平台，在推动祖孙情感交流、互动互助的同时，以观察学习、自我效能感提升、正向强化等方式，促进双方的自我实现。而在社会学习理论中自我效能、观察学习、交互决定等理论，对玩教具设计要素的分析具有借鉴意义。

（3）认知发展理论

儿童认知发展理论是心理学领域中的一项重要理论，旨在研究儿童在认知方面的发展过程。皮亚杰是近代最有名的儿童心理学家。他的认知发展理论成为这个学科的典范，他留给后人 60 多本专著、500 多篇论文，曾到许多国家讲学，获得很多个名誉博士、荣誉教授和荣誉科学院士的称号。皮亚杰的认知发展理论对教育学和儿童心理学产生了深远影响，帮助人们更好地理解儿童如何构建知识、理解世界，以及如何为其提供适当的教育和支持。

儿童认知发展理论主要关注儿童在认知能力方面的逐步发展，探讨了他们如何理解世界、解决问题以及适应环境的过程。皮亚杰认为儿童的认知是一步步发展起来的，并且其认知的成长与智慧的成长是一个同步的过程。认知发展理论强调儿童的认知发展是一个连续的、逐渐演变的过程，分为不同的阶段，每个阶段具有独特的认知特征。

认知发展理论的基本要点具体如下。

①儿童心理发展阶段的先后次序是固定不变的，不能跨越也不能颠倒，所有的儿童都遵循这样的发展顺序，具有普遍性，但每个发展阶段出现的时间可因儿童所处的社会环境、文化教育环境的差别而提前或推迟。

②在认知发展的每一个阶段，儿童都具有独特的认知结构，这些相对稳定的认知结构决定儿童行为的一般特征。儿童发展到某一阶段就能从事水平相同的各种性质的活动。

③认知结构的发展是一个连续构造的过程，每一个阶段都是前一阶段的延伸，是在新水平上对前一阶段进行改组而形成的新系统。皮亚杰关于儿童心理发展的理论，强调了儿童的认识发展是一个积极主动的建构过程，要按照儿童的认知结构（智慧结构）来组织教材，调整教法，这些思想对儿童教育工作的理论与实践都具有积极的意义。

皮亚杰将智慧的发展划分为四大阶段，即感知运算阶段、前运算阶段、具体运算阶段、形式运算阶段。其中，感知运算阶段是指出生后至2岁，这一阶段婴儿只有动作的智慧，而没有表象与运算的智慧；前运算阶段是指2~7岁，此阶段儿童的思维特点是以自我为中心，他们很难从别人的角度看事物。前运算阶段的儿童开始使用语言和符号来表示物体和概念。儿童的思维变得更加具有象征性，他们能够发挥想象力进行角色扮演和创造故事。然而，儿童在这个阶段的思维仍然是以自我为中心的，他们往往难以理解他人的观点或考虑多个因素。这意味着他们可能会把自己的思维和观点强加给其他人。这一阶段儿童可能会表现出中心思维，即只关注一个特定的特征或方面，而忽视其他重要信息。他们也可能有逆向思维的缺陷，难以理解反向操作，如逆运算。这一阶段的儿童思维的另一个特点是思维的直觉性以及思维的集中性。他们的判断仍受直觉调节的限制。本书的研究对象处于皮亚杰所研究的前运算阶段，他将这个阶段分为两个亚阶段，2~4岁阶段的儿童具备了使用符号的能力，但主要依靠事物表象进行思考，以自我为中心，倾向于将生命赋予非生物体，认为周围的事物都有生命和感受；4~7岁属于直觉思维阶段，此阶段的儿童心理特征为缺乏层级类概念、不能守恒、思维不可逆。

儿童在3~6岁时好奇心和智力发展是很迅速的，而在7~9岁时发展较为快速的是创造力和逻辑思维,10~12 岁的儿童发展较为快速的是记忆能力。

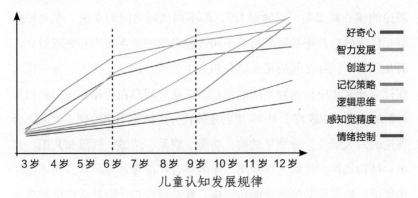

儿童认知发展规律

3~6 岁的幼儿,其感知觉正慢慢向具体性、概括性发展,创造想象意识开始萌芽。

7~9 岁的儿童参与集体活动的意识逐渐发展,竞争意识较强,同时生理上的自控力和平衡力都有很好的发展。

10~12 岁的儿童独立意识较强,抽象概括、推理能力快速发展,并且善于利用已学过的知识来解决问题。

从整体来看,好奇心、创造力是 3~12 岁儿童发展较快的能力。

1.4.2 代际融合理论

(1)代际融合

"老龄化 + 少子化"的社会背景下,倒金字塔的家庭结构严重影响了代际关系的发展以及育幼、养老两方面的问题。老龄人口比重的增加和家庭结构的变化,将导致代际分离,缺乏代际情感的交流。因此,代际关系中老幼情感的融合以及社会、空间资源的融合显得尤为重要。代际融合作为一种社会学概念，是指不同代人之间积极地相互依附、资源互通互享、生活互动互惠的一种内在凝聚状态。代际融合理论的核心概念是"代际融合"，即不同代际之间的交流、互动和影响。代际融合并不是简单地将不同代际之间的关系视为冲突或对立，而是强调了代际之间的相互依存和共生关系。该理论认为，每一代人在社会和文化中扮演着不同的角色，彼此之间存在着相互支持和相互影响的关系。本森特于1995年创建的代际团结模型中提到了代际融合理论的六大属性，分别是结构、功能、联系、情感、规范和共识。其中，结构属性指代际定居距离、年龄混合程度等客观因素，功能属性指经济、物品和劳务的互助和交换，联系属性指代际社会接触和活动共享的频率和效果，情感属性指代际的亲密感、肯定感等积极情感，规范属性包含代际相处的规则、界限和责任，共识属性指不同代人在生活方式、价值观等方面的一致性或理解力。

近年来，代际融合理论被广泛应用于建筑学相关领域、集合家居的空间设计和养老社区的服务构建等方面。国外出现了"多代居""代际学习中心""共生型机构"等"多代共融"复合型养老设施，而国内也出现了"邻里社区""老幼结合"等社区养老新模式。该理论引导人们更多地聚焦于老年人的需求，并为养老模式的构建提供了新的思路，在"为老设计"方面有较高的应用价值和应用潜力。

（2）代际学习

代际融合理论不仅仅是从社会背景、家庭结构的角度去打破代际壁垒，还应树立向终身学习型社会转变的思想理念，构建一个可以提供代际相互学习、交流的空间环境。代际学习理论（Intergenerational Learning,IGL）被认为是代际关系间知识的相互传递，即老年一代与年轻一代对新生事物、观念、看法、认知、技能之间的相互传递，两者在同一个空间下产生代际互动。

代际学习是一种融合正式教育与非正式教育的新型学习方式，不仅可以促进代际情感融合，还有利于实现积极老龄化、发展学习型社会。对幼儿而言，老幼间的代际学习能增加幼儿对生活知识以及传统文化的了解，提高社会适应能力；同时对老年人而言，在现有的机构养老服务水平上，能推进老年教育，实现自我价值，这无疑是一种提升老年人幸福指数的重要方式。

早在 20 世纪 80 年代，美国就率先基于代际融合理念和代际学习理论，提出了"养老院＋幼儿园"的"老幼结合"模式。随后，德国、日本等国家也相继提出了老幼结合的模式并实施运营，大大增进了老幼间的情感交流，提高了老年人的幸福指数。通过双向的知识传递、合作沟通，促进代际融合并增强代际学习的积极性。老年人渐渐变得喜欢热闹，性格变得开朗，老幼之间的交流和活动既增加了长者的体力也使其思维得到锻炼。

根据德国、日本、美国老幼结合养老模式的经验，可以将老幼结合模式的类型分为三种：教育学习型、互助发展型、社区服务型。不同类型的模式其特征和优势有所不同，德国的"爱之家"关注长者的互助养老以及代际融合度；日本的"老幼复合型"侧重以社区养老为中心构建双机构融合的代际服务场所；美国的"代际学习中心"侧重对老幼双方的教育培养和互助学习。国外代际学习的项目对中国有借鉴意义，构建以代际学习为理论基础的"老幼结合"养老模式，有助于推进我国向终身学习型社会发展，真正实现老有所养、老有所乐、老有所学。老幼结合模式的国际经验，为构建中国代际融合的养老模式提供了参考。

1.4.3 设计理论

（1）适老化设计

适老化设计是对老龄化社会现状的直接回应。适老化设计是"适应老年人的设计方式"，以老人为本，设计师需要充分了解老年人的生理特征、心理特征、使用习惯，感受老年人的不同需求，帮助他们解决问题，为他们的日常生活和出行提供方便。随着社会老龄化程度的加深，老年人的生活问题引起越来越多的关注，独居生活的老年人也有诸多不便，生活中的公共设施适老化、社区适老化、居家适老化都是为了让老年人拥有一个安全、便利的生活环境。

2020 年 11 月，国务院办公厅印发了《关于切实解决老年人运用智能技术困难的实施方案》，就进一步推动解决老年人在运用智能技术方面遇到的困难，坚持传统服务方式与智能化服务创新并行，为老年人提供更周全、更贴心、更直接的便利化服务做出部署。12 月 25 日，工业和信息化部（简称"工信部"）召开新闻发布会，明确了帮助老年人更好地应用智能技术的一系列措施，并提出于 2021 年 1 月起将在全国范围内开展为期一年的"互联网应用适老化及无障碍改造专项行动"，对新闻媒体、社交、购物等主流网站和 App 提出了适老化改造的要求。在国家的重视和推进下，许多智能手机 App 进行了初步的适老化改造工作。2021 年，工信部进一步推动互联网应用适老化及无障碍改造专项行动实施工作，助力老年人、残障人士等重点受益群体平等、便捷地获取、使用互联网应用信息，明确了《互联网网站适老化通用设计规范》和《移动互联网应用（App）适老化通用设计规范》等相关文件。

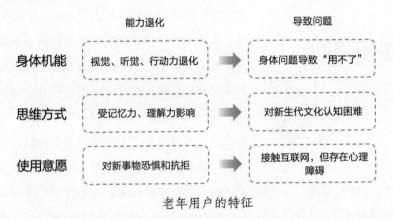

老年用户的特征

老年用户与新生代用户有明显的差距，主要体现在以下几个方面。

①身体机能：随着年龄增长，人体机能难免会出现退化，主要体现在视觉、听觉、行动力。

②思维方式：目前大部分数字化产品的设计者是"90 后"，甚至"00 后"，出生的年代决定了理解数字化产品的能力必然不同。另外，受到记忆力、理解力影响，老年用户对新生文化的了解能力非常有限。

③使用意愿：每个人对于新事物多多少少都会存在恐惧和抗拒，老年用户接触互联网的心理障碍更明显一些。比如，害怕在使用互联网时上当受骗，担心自己不会用智能产品而被嘲笑。这些担忧使得他们瞻前顾后。

适老化设计的意义在于在提供更便捷、可触达的客服服务的同时，还要通过智能识别和默认项减少用户操作成本。降低老年用户使用互联网的难度。

无障碍设计

老龄化是一个综合性的社会问题，跨专业、跨领域的协同创新将产生新的问题解决方案和新的研究课题。当下互联网与通信产业的发展正在影响社会全产业链条和全生命周期，其与工业经济完全不同的生产要素、商业模式、经济形态正在改变着这个世界，引发着一场空前的革命。老年人的需求也更多维、多向、多样，这促使设计研究的对象从传统的有形物质产品延伸到非物质产品；设计关怀从身体照护拓展到心理关怀，从改善老年人的个人生活系统扩展到重构社会服务系统。此外，"互联网＋"的顶层战略和新的设计范式，都为解决老龄化问题提供了新的思路，如基于大数据的信息设计将增强满足养老服务需求与供给的有效匹配；基于生活方式大数据研究的服务设计，将建构基于老年人行为的养老服务新模式；基于信息技术的辅助产品开发，将为老年人营造良好的辅助生活环境。

（2）无障碍设计

无障碍设计这个概念是1974年联合国组织提出的设计新主张。无障碍设计强调在科学技术高度发展的现代社会，一切有关人类衣食住行的公共空间环境以及各类建筑设施、设备的规划设计，都必须充分考虑具有不同程度生理伤残缺陷者和正常活动能力衰退者的使用需求，配备能够满足这些需求的装置，营造一个充满爱与关怀、切实保障人类安全，方便、舒适的现代生活环境。

所谓障碍，一般是指人在某一阶段、时期或某种条件下，暂时或永久性失去正常生活、学习和工作的能力。但造成障碍的原因有很多，大致可以分为两类：一类是来自人自身，姑且可以称为内在原因，包括生病、残障以及特殊生理阶段等诸多因素；另一类是来自外部环境，即外在原因，包括自然条件、物质环境和一些外力因素等。由此可见，障碍的表现有很多，遇到障碍的人也并非仅局限于那些弱势群体。比如很多时候，当人们来到一个陌生的地点，常常因为找不到导视标牌抑或找到却看不懂而不知所措。一个复杂而庞大的建筑空间，即便是长期在这里生活或工作的人也时常会迷路。由此可以看出，障碍是一个相对的概念，它限制的不仅是残障人士、老年人和儿童等弱势群体，即便是健全的人也会在很多时候受到障碍的限制。

无障碍设计的原则为：任何人可平等、灵活地使用产品，产品简单而直观、容错力强，使用产品时省力、可感知，产品的尺寸和所占空间合理。最初，无障碍的研究领域主要在建筑和城市道路方面，随着人们对无障碍设计原则的深入理解与实践应用，无障碍设计被拓展到日常生活中的家具、医疗用品、电子产品等领域，如针对老年人的手机、针对盲人的智能语音产品等。现在，越来越多的人开始从无障碍设计中受益。

（3）通用设计

随着无障碍设计的发展，人们逐渐发现过分强调残障人群，会产生有差别的对待，同时在这个过程中忽视了非残障人群的普遍需求，这样反而不利于残障人士更好地回归社会主流。20 世纪 80 年代末，产生于美国的"通用设计"带来了一次人们对无障碍设计认知的转型：健全的人在无障碍设计中只是配角，但在通用设计中，这些人也将成为主角。它所传达的意思是：如果某种产品能被失能者所使用，就更能被所有人使用。因此，"通用设计"是一种乌托邦式的崇高理想，它首次强调了设计面向的主体是所有人，在设计的早期谋划阶段就应该予以充分考虑，而不是等待问题显现后再去修正。其潜台词是通用设计提高了对设计师能力和设计水平的要求。更进一步说，通用设计不是设计实践的专门领域，而是一种设计方法，一种态度，一种可以使设计对象、系统、环境和服务以最大限度为人所公平使用和体验的思维模式。美国 PVA 建筑主管金比斯利（Kim Beasley）指出：障碍的存在与否不是问题，通用设计的理念是不论有无残障，设计师都要以开阔的思路把所有人的需求考虑在内。

通用设计最早是由美国建筑师罗纳德·梅斯（Ronald L. Mace）于 1974 年在国际残障者生活环境专家会议上提出的。1985 年，梅斯发表论文对通用设计概念进行阐述：通用设计就是无须追加费用或以最低的费用，让建筑和设施不仅对于残障人士，而是对于所有人都具有适用功能和魅力的设计，它强调产品、服务、环境等的设计应平等地适用于所有人，无论他们的年龄、性别及能力差异。相较于无障碍设计，通用设计将其致力于解决的问题从满足少数弱势群体的特殊化需求转变为满足所有人的一般性需求，通过设计来消除不同使用者的共同障碍和困难。

（4）包容性设计

包容性设计是对通用设计的进一步发展，目标是让产品可以被不同用户（不同身体能力、语言、文化、性别、年龄等的用户）使用。通用设计专注于如何让用户简单地凭直觉使用产品或者快速找到需要的信息，而包容性设计更关注在设计过程中是否包容了那些被排斥在外的群体。此外，从本质上说，通用设计的尺寸适应所有用户需求。包容性设计具有选择的多样性，让用户可以根据自己的需求来选择某一个尺寸。

剑桥大学的工程设计中心在 2013 年发表的文章 *Making The Case For Inclusive Design* 中，针对包容性设计的 10 年研究进行了全面的论述，并表明包容性设计是在整个开发过程中通过对客户多样性的理解来进行决策，以便满足更多人的需求的设计。英国标准协会提出：包容性设计是一种不需要专门适应或特别的设计，而使主流产品和服务能让尽可能多的用户所使用的设计方法和过程。微软在其发布的《包容性设计手册》中指出：包容性设计是一种能够充分利用并实现人类多样性的方法。最重要的是，其概念表明需要包容和学习不同的观念。在设计领域，包容性设计的定义均强调了多样性，而微软的定义进一步确定了包容性设计运用应是一种可以学习的方法，是可以让设计师和企业一同遵循的设计原则。

瑞典人机工程小组基于人的能力分层，提出了"用户金字塔模型"。处于金字塔底层的是身体健全者或轻微残障者，处于金字塔中层的是由于疾病或器官衰退引起的身体机能（身体力量或行动能力）下降的用户，而处于金字塔顶端的则是那些身体残障、日常生活需要协助的用户。"用户金字塔模型"倡导在设计过程中考虑金字塔顶端那些严重失能者，而处于金字塔中层和底端的人会自然而然地被包容进来。金字塔模型可以用来说明包容性设计是如何扩大用户市场的：首先，承认一个产品通常不可能满足所有人（包容性设计需要考虑与目标用户相关的商业利益或限制）。其次，包容性设计先为产品选择一个合适的目标市场（将能力缺失的用户包含在内），再尽力往塔顶扩展（接受可能需要通过特殊手段来满足金字塔顶部群体的需求）。所以包容性设计不仅是对特殊人群的设计，而且也包含了更广泛的用户群体。

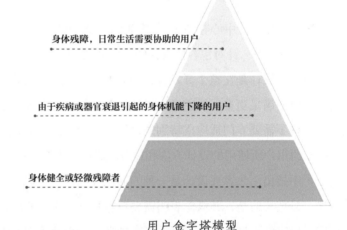

身体残障，日常生活需要协助的用户

由于疾病或器官衰退引起的身体机能下降的用户

身体健全或轻微残障者

用户金字塔模型

　　老年人与儿童一直是社会关怀的主要对象，无障碍设计旨在消除残障者的生活障碍，通用设计、适老化设计则积极地使老年人与儿童享有平等使用产品的权利。设计在"社会关怀"中一直扮演着指导者的角色，在建筑、产品和信息等设计领域产生了深刻影响，进而促进了政策法律法规的出台、辅助技术的开发和应用。结合时间轴，从各种理念所涉及的设计对象来看，无障碍设计、通用设计、包容性设计具有典型的工业社会的特征，所涉及的设计对象包括建筑、产品和以公共空间为代表的环境；适老化设计越来越强调体验与服务，这与体验经济的发展基本同步。近年来老龄服务设计的兴起，则将视野拓展到了社区和机构，与组织创新、社会创新的理念保持一致。总之，设计理论的更迭方向是把每个人放在平等的地位，通过满足更高的设计标准进而满足所有使用者的需求。

第 2 章
/ 隔代互动及玩教具设计现状分析

2.1 / 隔代家庭中的代际关系

2.1.1 隔代教育的两面性

由于我国的特殊国情，隔代教育可分为城市隔代教育与农村隔代教育两类。其中，城市隔代教育又包括两种形式：完全隔代教育与联合教育。完全隔代关系是一种双人关系，孩子完全由祖辈抚养教育，孩子的父母因为离异、异地工作等缘故无法参与孩子的抚养教育过程。联合抚养关系是三人关系，主要是祖辈和孩子父母共同抚养教育孩子，因为孩子父母上班等原因不在家，祖辈临时代替子女照看孩子，祖辈白天去子女家照看孩子，晚上回自己家休息。祖辈帮忙照看孙辈，孙辈给予祖辈快乐和自我实现的满足感，祖辈和孙辈在隔代生活中都起到互相影响、互帮互助的作用。

　　隔代教育对于祖辈来说既有积极影响又有消极影响。积极影响体现在祖辈拥有丰富的人生阅历，在退休后也有充足的时间，这些在抚养教育孙辈的过程中都是很大的优势。同时，祖孙作为有亲缘关系的双方，祖辈在教育孙辈的过程中也可以促进家庭和谐，进而对孙辈产生积极影响。这种积极影响也会表现在祖辈的身上，使老人在社会关系逐渐减弱的时候从家庭生活中获得成就感，产生"被需要"的积极情绪。研究发现，祖辈通常在和孩子的相处过程中获得自我价值实现和感情寄托。这些正向因素有利于老人的心理健康。但祖辈和孙辈共同生活也会有消极影响，主要体现在祖辈可能身体状态不好，或者孩子较多时，照看孩子的任务会成为祖辈的压力。祖辈承受的压力主要来自经济、精神以及健康方面。隔代人的生活方式没有磨合好也会带来消极影响，例如祖孙之间的互动可能会出现一些障碍，尤其是在孙辈逐渐接触外界环境，开始有独立人格与独立思考能力的时候，与年纪大的祖辈可能会产生隔阂，反而影响家庭和谐，这对孙辈的成长与老人的身心健康都有消极影响。

　　隔代教育对于孙辈的积极影响较多，因为儿童的自理能力和生活经验不足，需要祖辈的照看，所以对于孙辈来说，隔代教育能够使孙辈得到较为全面的照顾。同时，祖辈通常对孩子包容性较高，能够比较耐心地教育孩子，祖辈通常已经退休，时间较多，可以有充足的时间陪伴孩子，让孩子有足够的安全感等。但是隔代教育对孩子也有消极影响，如祖辈过于包容，在情感上可能会溺爱孩子，导致孩子蛮横无理；或祖辈因为身体原因喜欢安静，致使孩子活泼好动的天性无法释放，使其缺乏创造性、自信心下降等。有研究表明，接受隔代教育比接受亲子教育的孩子会产生更多的情绪问题。但是因为祖辈的文化素质、生活环境、思想观念等具有差异性，变量较多，隔代教育的消极影响并不能一概而论，但可以确定的是，积极促进孩子与祖辈、父辈的交流沟通对孩子有正向影响。

城市家庭的隔代教育模式大多数为祖辈给予孙辈经济性或服务性的帮助，而孙辈则给予祖辈感情上的慰藉。但是这个关系容易产生代际矛盾，代际矛盾大多数是因为新旧观念冲突而产生的"代沟"，祖辈与孙辈因为个人经历、思考方式、价值观等方面的不同，双方很容易对一件事情产生相差很大的看法。所以代际关系既可能是融洽的，也可能是有隔阂的。由此可见，通过设计来促进祖孙更好地互动，同时兼顾老人积极养老与孩子快乐成长，使隔代教育家庭中的代际关系更加和谐，是非常有必要的。

2.1.2 祖孙依存特征分析

要想更加合理、科学地满足设计需求，就需要先对祖孙的依存方式进行研究。

①祖孙之间有大量的相处时间，长时间的相处必然导致亲密性与依赖性的产生，很多探讨祖孙关系的研究一致发现，祖孙间的感情会因为较长时间的相处而变得更加亲密。祖辈因为长时间照顾孙辈，在情感上使得两辈人的联结变得更加紧密，孙辈也因为长期与祖辈相处在一起而产生强烈的依赖感。

②在中国，孩子的养护任务很大一部分是由祖辈来承担的，其中30％的儿童甚至是完全被安置在祖父母家里抚养照顾。由于儿童基本不能独立生活，因此对于亲属非常依赖，其行为举止、兴趣爱好都容易受到身边环境的影响。这种长时间的抚养与教育，会使得祖孙的生活习惯逐渐趋于一致。

③中国长久以来的供养方式决定了隔代教育会长时间存在。与西方文化不同，中国父母的确更多地愿意帮助自己的儿女照顾孩子，投身到孙辈的抚养教育中来。

2.1.3 隔代教育中的注意事项

（1）祖辈和父辈共同参与

可以采取父母为主，祖辈为辅的模式，父母负责教育孩子的主要方面，而祖辈可以协助处理一些日常事务，分工协作，节省时间。同时，可以整合两代人的教育经验和观念，取其精华，去其糟粕，共同促进孩子的健康成长。若父辈实在没有时间与精力教育孩子，也应及时跟进孩子的成长状况，及时纠正祖辈在教育方面的错误思想与行为，以确保孩子得到全面、科学的教育指导，万万不可完全依赖祖辈。

（2）明确父辈的教育责任

父辈应该始终是孩子教育的第一责任人，积极参与孩子的成长过程，在孩子的教育上占据主导位置。祖辈应深刻知晓此道理，减少子女在教育孩子过程中的干涉，积极配合父辈教育孩子，跟上父辈的教育理念。

（3）尊重与沟通

首先，祖辈应与子女积极沟通，共同商讨孩子的教育问题，确保孩子的成长得到全面的关注和支持，接受更加现代化的教育方式，避免老一辈落后教育理念的消极影响，尊重子女的教育方式，不要干涉。其次，祖辈应与孙辈积极沟通，尊重孙辈的想法，不要一味打压，更应随着孙辈的想法积极尝试、大胆创新，不要拘泥于原有的老旧教育方式。

（4）和谐的家庭环境

家庭成员之间应该相互尊重、理解和支持，共同为孩子的成长创造一个温馨、和谐的家庭氛围，这更利于培养孩子尊重他人、独立思考的能力，更利于其心理健康。此外，祖辈年龄渐长，一般有如下性格特征：比较保守，灵活性、应变性、适应能力下降，好管闲事、依赖性强等，这些都不利于家庭和谐，此时父辈应积极调整祖辈的心理问题，祖辈也应积极向上，努力向好的方向发展。

（5）更新教育观念

随着时代的发展，祖辈应该保持开放的心态，关注和学习新的教育理念和方法，以便更好地适应现代社会的发展需求，为孙辈提供更加先进的教育。

（6）重点关注学习成绩和道德行为

对于学习成绩和道德行为的问题，祖辈应该与孙辈沟通，明确学习的重要性，强调道德教育的关键性，从小培养孩子的良好习惯，孙辈一旦出现这方面的问题，应第一时间纠正，不可纵容溺爱。

（7）加强安全教育和监护

对于留守儿童，应加强安全教育，并确保有适当的监护措施，以降低意外伤害的风险，确保孩子的人身安全，以利于孩子的健康成长。

2.1.4 亲子教育家庭与隔代教育家庭互动对比

亲子教育家庭的儿童指学龄前期一直完全由父母承担抚养义务，没有他人参与照顾的核心家庭模式下的儿童。隔代教育指由于父母工作等各种自身原因不能完全独立承担抚养子女的责任，将照顾子女的部分责任或者全部责任转移到祖辈身上，或者由于自身意愿祖辈主动承担抚养责任，在隔代家庭或者三代家庭中，由祖辈对孙辈进行独自全天抚养或者部分时间抚养的家庭抚养模式。家庭成员每时每刻都在影响着儿童，而家庭抚养模式的不同又会影响着儿童对于家庭关系的认知。

亲子教育家庭互动有两种典型情况。一种情况是由于父母工作等原因，家庭互动关系较差。现代家庭大多是双职工家庭，越来越多的孩子处于无互动的家庭氛围中。但父母在孩子心中的地位是无可取代的，孩子渴望爱与关注，这种情况下孩子更多地转向朋友之间的互动交流。另一种情况是父母给予孩子亲密无间的陪伴以及耐心的教育，父母非常了解自己的孩子，从对互动时机、内容的选择，到玩教具的挑选、活动的引导与进行，都有科学的规划。这种亲子教育家庭互动的玩教活动内容丰富，科学且有效，亲子互动的黏性会更强。

隔代教育家庭中的互动需要更加深入和立体。家庭成员之间的互动更多地集中在家庭中，祖辈对孙辈的照顾保育多于教育。对于家中的绘本和玩具，大多数老人并不清楚其内容和功能，无法顺利开展互动活动，大量的玩教具不能充分发挥其价值。除了对孙辈进行更好的身体照顾之外，祖辈应通过提高自身素养来影响儿童。

2.1.5 隔代互动

隔代互动，即发生在祖辈与孙辈之间的、以亲缘关系为基础的交流互动，在互动过程中祖孙之间互相影响，相互促进。通过对祖孙的互动行为进行研究，才能更清晰地认识到老年人与儿童需要的设计是什么，并以此促进祖孙之间的积极互动。祖辈与孙辈相处的过程中，除了祖辈照料孙辈的饮食起居，两者的互动活动也是日常生活的重要组成部分。祖辈与孙辈的隔代互动不仅让孩子快乐成长，对于老年人也有积极影响，如让祖辈感受到成就感等。

隔代互动形式分为语言互动与行为互动两种：①语言互动主要包括交流互动、讲故事、语言教育等；②行为互动包括运动、角色扮演、智力游戏、娱乐游戏等，不同的互动形式具有不同的互动优势。通常来说，行为互动的互动反馈更强烈，互动性更强。大部分玩教产品通常会把语言互动与行为互动结合在一起，以获得更好的互动效果。

不同互动类型的优势

互动类型	互动项目	项目优势	分析
行为互动	运动	锻炼身体，增强意志力和自信心	行为互动可培养孩子的动手能力，互动性较强，能培养孩子的智力、意志力等多方面的能力
	角色扮演	提高认知能力和社交能力，培养同理心	
	智力游戏	促进思维、智力等方面的发展	
	娱乐游戏	促进儿童快乐成长，提升社交能力	

互动类型	互动项目	项目优势	分析
语言互动	交流互动	提升沟通能力，增进祖孙辈的关系	语言互动可培养孩子的沟通能力、逻辑思维能力
	讲故事	提升语言能力和逻辑思维能力	
	语言教育	提高儿童的语言理解和表达能力，促进其认知发展	

从另一个维度来说，在祖辈和孙辈互动过程中会出现两种不同的互动形式，即感知性互动与本能性互动。以孩子玩玩具为例，孩子和老人一起搭积木并搭成一个城堡，这个过程是有目标的，用户可以感知互动反馈和互动进度。在搭积木过程中，若孩子提出与互动不相关的问题，祖辈随口回答并不会影响主要的互动。在这期间互动已经产生，但是双方不自知，这样的互动为本能性互动，本能性互动多为碎片化的，很少可以集中进行。

良好的隔代互动策略主要有四个方面。

①了解隔代用户的阶段性需求。不同阶段用户的需求也是不同的，需要仔细分析各阶段用户的特征和需求，确保隔代互动的针对性。

②孩子具有较强的模仿性。在隔代家庭中，祖辈的言语行为会潜移默化地影响孩子的成长，孩子的行为会有祖辈的影子。

③营造互动氛围。隔代互动时互动氛围是十分重要的一部分，应营造互动氛围，保证互动质量，进而让隔代互动的双方在互动时更好地进行情感互动。

④隔代互动游戏是在互动时连接双方的桥梁，通过玩适合双方的游戏，可以提高隔代沟通的质量，产生良好的互动，营造和谐快乐的家庭氛围。对于孩子而言，可以帮助他们提高交往及认知能力。对于老人而言，让祖辈能够老有所乐，提高他们的生活质量和幸福感。

2.2 / 玩教具类型

瑞士著名心理学家皮亚杰认为，玩是孩子认识世界、开发学习能力的途径，玩在本质上是一种智力活动。玩教具是指幼儿在游戏和学习活动中使用的玩具、教具，它是借助一定的物质材料（如纸、布、塑料、木材、金属等），依据一定的设计要求，通过工业化生

儿童玩教具

产或手工制作而完成的。其集游戏、娱乐、竞赛、教育功能于一身，是促进幼儿身心健康发展的游戏娱乐工具。孩子是在操作玩具中学习的，孩子的玩与学无法分离。

不同年龄段的幼儿发展水平也不相同，其认知能力、动手能力、人际交往能力等都存在差距。不同年龄段的幼儿对玩教具的要求也不相同。一般来说，幼儿的学习方式是通过观察、模仿、体验、游戏来学习的。而大童是通过观察、模仿、操作、体验和与他人（教师、同伴）互动来学习的。为幼儿提供的玩教具既要美观有趣，又要能调动幼儿的多种感官，让幼儿在体验和游戏中学习。为大童提供的玩教具，要在此之上满足其动手操作的需求，促进儿童之间相互合作、相互交流、共同学习。

家庭教育中的玩教具一般包括传统的益智玩具、游戏设施、数字化学习工具和创意玩具等，旨在通过娱乐和互动的方式促进儿童的学习和发展。根据制作主体的不同，玩教具可分为自制玩教具和工业成品玩教具，其中，自制玩教具是指家长自创的玩教具和幼儿在指导下制作的玩教具。根据制作材料的不同，玩教具可分为纸材料玩教具、泥材料玩教具、布材料玩教具、废旧材料玩教具、自然材料玩教具等。根据功能的不同，玩教具可大致分为认知益智类（发展语言、探索发现等）玩教具、角色游戏类玩教具、体育操作类玩教具。认知益智类玩教具的代表产品有积木、手工材料、桌游、数字化学习工具等，角色游戏类玩教具的代表产品有玩偶、主题服饰、表演类玩具、主题模块玩具等，体育操作类玩教具的代表产品有各类运动玩具、感统训练玩具、童车类玩具等。

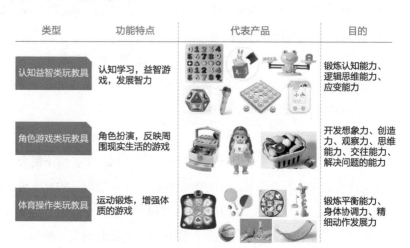

玩教具类型

2.2.1 认知益智类玩教具

　　认知益智类玩教具通常以儿童为互动重心，将儿童的身心发展作为互动的重点，教育的具体内容通常是对儿童的思维能力、创新能力、记忆力、审美能力进行训练。该类玩教具形式多样，可细分为以下六种。

认知益智类玩教具

序号	类型	产品形式	代表产品	玩教目的
1	探索科学类玩教具	观测镜	放大镜、显微镜、凹凸镜等	帮助孩子观察微小的生物和物质结构，培养孩子的观察力和科学探索精神
		天平和测量工具	天平、量筒、量尺	用于对重量和容量的测量，引导孩子运用数学思维进行实践探索
2	语言表达类玩教具	图书和绘本	故事书、情景绘本、立体绘本等	培养孩子们的语言表达能力和阅读习惯，同时提高孩子的共情能力
		语音教具和音乐乐器	拼音字卡、故事卡、简易乐器等	激发孩子对语言表达和音乐感知的兴趣
3	数学逻辑类玩教具	数字拼图和计数棒	数字拼图、汉诺塔、计数棒等	帮助孩子理解数字概念和数量关系，培养数学思维和解决问题的能力
		形状拼图	七巧板、滑动拼图等	引导孩子识别、比较和组合不同形状，发展空间想象力和逻辑思维推理能力
4	创作艺术类玩教具	绘画和手工材料	折纸、水彩画、填色本等	培养孩子的思考、创作、动手能力，同时促进孩子形成独特的审美观
		美术工具和材料	黏土手工、雕刻等	激发孩子的想象力和创造力，培养艺术表达能力和审美能力
5	建构与拼搭类玩教具	积木和拼图	积木、乐高拼图等	培养孩子的空间想象力、手眼协调能力、思考和解决问题的能力
		磁性和连接类玩具	磁力片、连接球、雪花片等	激发孩子的创造力和逻辑思维，通过自由的建构和创意组合，引发孩子更深层次的思考

序号	类型	产品形式	代表产品	玩教目的
6	电子科技类玩教具	儿童电子书和学习应用软件	电子书、早教机、早教类App等	以互动的方式促进孩子的学习和兴趣发展，扩展知识面
		儿童编程工具和机器人	模块玩具、人工智能机器人等	培养孩子的编程思维和逻辑推理能力、创新思维能力，紧跟时代发展，学习先进的知识

有一些产品可以通过老人协助儿童学习汉字、古诗、英语等通识性知识的方式来达到互动的目的。但是这类产品需要巧妙地将互动玩法与教育内容结合在一起，保证一定的趣味性才能吸引儿童主动参与和学习。同时，这类玩教具要考虑老人是否可以顺利使用。

对于现代化的、智能化的新式玩教具，要考虑老人是否乐于接受、是否容易操作、是否可以与孩子共同使用，如探索科学类教具与电子科技类教具。以早教机器人为例，首先要解决老人的使用问题，确保老人熟悉机器人的教育内容和基本操作，比如讲故事、听音乐、看动画等功能，以便老人可以及时满足孩子的需求，同时促进老人与孩子的互动沟通。

对于逻辑类教具，要考虑老人是否有相关的正确逻辑、是否能与孩子正确沟通，避免打乱孩子的思维逻辑。以数字拼图玩具为例，老人应该先行学习，以便教导孩子并解答孩子的疑问。

对于知识与艺术创作类玩教具，首先要考虑提高老人的知识储备与艺术创作能力，再在此基础上，让老人使用玩教具更好地教育孩子。比如科学类儿童读物，老人应该先行了解，再与孩子共同阅读。所以这类读物也要便于老人理解，要通俗易懂。再比如泥塑手工类玩教具，这是一个十分便于操作同时又可以培养孩子的艺术创作能力的手工玩教具，老人也可以很快学会，然后和孩子一起发挥想象力，共同创作一件艺术作品。

2.2.2 角色游戏类玩教具

角色游戏类玩教具是指孩子在进行一些模仿社会活动游戏时所需要的道具。这些道具以多种生活场景为背景，使孩子们能够身临其境，通过玩教具和游戏模仿成年人的行为、动作，以此体验不同的生活。这类玩教具旨在促进孩子的听觉、视觉、触觉及运动觉等方面的发展，并帮助他们发展身体协调能力。典型的角色游戏类玩教具包括角色表演中的头饰、面具、布娃娃，以及过家家游戏中的听诊器、小推车等。这些玩教具不仅具有丰富的教育价值，还能够激发幼儿的游戏兴趣，促进他们的全面发展。

首先，角色游戏类玩教具能够启发孩子的想象力和创造力。儿童正处于生命的初期，他们充满好奇心和想象力，而角色游戏类玩教具恰好为他们提供了一个展现和发挥这些天赋的平台。例如，玩偶和角色扮演类玩教具可以让儿童模仿不同角色，并在这个过程中创造出各种有趣的情节和故事。

其次，角色游戏类玩教具还能提高儿童的动手能力和协调能力。他们在操作这些玩教具的过程中，不仅能享受到玩耍的乐趣，还能有效地锻炼手眼协调能力。

此外，角色游戏类玩教具还能培养孩子的社交能力与合作精神。游戏中，孩子们经常通过与其他孩子一起玩耍来建立友谊。例如，在角色扮演游戏中，孩子们需要相互配合，共同完成任务，这不仅能培养他们的团队精神，还能让他们学会如何与他人沟通和合作。

收银机玩具

最后，角色游戏类玩教具还能促进孩子的认知和智力发展。通过玩教具，幼儿能够在愉快的游戏中获得认知和智力的提升。例如，扮演医生与护士的游戏，孩子们共同救治"病人"，同时学习一些医学知识，比如海姆利克急救法、输血原则等专业知识。这不仅扩大了孩子们的认知范围，更能引发孩子们对生命的思考，同时了解医护人员的工作、尊重医学工作者，还有可能培养孩子对医学的兴趣，进而对孩子之后的择业产生巨大影响。再比如，这款收银机玩具复刻了一个典型的超市收银场景，提供玩具水果、雪糕、饮料、游戏币、游戏钞票等物件，种类丰富，可以让孩子认识更多事物。整套收银系统模拟了多种购物体验，满足儿童的好奇心，可培养儿童动手操作的能力。配套的仿真对讲机可扩音，称重器模拟了给果蔬称重，生动又好玩；仿真收银抽屉可收纳钱币，一按自动弹出；收银台内置真实计算器，成功扫描商品后会发出中英文识别语音。这种寓教于乐的角色游戏让儿童边玩边学习，可以沉浸式体验购物的乐趣。

角色游戏类玩教具在教育中具有非常重要的意义，它们不仅能够满足孩子的玩耍需求，还能有效地促进他们的全面发展。但这类玩教具对故事化情境的设计要求较高，利用主题玩具里的人物、建筑或工具等，构建一个具体的故事和情境。在故事化情景设计中，需要有一个开放的情境，让孩子们创作故事，自己添加角色、情节和细节；在创造故事化情境时，可以为孩子提供一些创意材料，例如各种形状和大小的玩具、彩纸和橡皮泥等，让他们自行拼搭、绘制出自己的作品，并运用到故事中；还要善于引导孩子观察周围的事物和环境，鼓励孩子从多个角度思考问题，思考玩教具的形状、特点和功能，让孩子把现实世界的事物或者情境融入故事之中。同时家长要及时给予孩子反馈，帮助他们了解自己的观察是否正确。因此，角色游戏类玩教具对于家长的想象力和引导力要求较高。

2.2.3 体育操作类玩教具

由于儿童天性好动，很多玩教具设计需要满足儿童的运动需求。以促进儿童身体活动和动作技能学习为主要特征的玩教具被称为体育操作类玩教具。儿童的运动行为主要包括跑、跳、抓、投等动作。体育操作类玩教具分为室内运动互动产品和室外运动互动产品两种。

室内运动互动产品的特点：因为室内空间有限，运动时的位移

粘粘乐玩具

不会很大，比如儿童粘粘乐、室内跳格子毯等。通常会借用室内的道具比如地板、墙壁、楼梯等来发挥产品的作用。粘粘乐是一种适合大人小孩一起玩的室内运动类产品，它由投掷球和分数板两部分组成，通过用户双方分别向板上投掷球来获得分数，用户在这个过程中锻炼了手脑协调能力、抗压能力。因为运动量适中，适合老人和孩子的体力情况，用户双方能在玩耍的过程中进行得分比较的互动，同时老人在互动过程中也可以根据实际情况进行游戏节奏的调整，让老年用户能够有参与感和掌控感。跳格子毯主要是为用户提供一个游戏环境，通过地毯上格子的划分让用户清晰了解游戏环境，对于游戏规则制定非常自由化，这样也提高了隔代双方的沟通能力，同时用户在游戏过程中也得到了锻炼。

对于室外运动互动产品而言，其特点与室内产品相反——活动空间大，也较为危险，对老人和孩子都是一种体能考验。比如儿童篮球，在广阔的球场中，孩子可以肆意奔跑，挥洒汗水，同时学习一下篮球技能，发展兴趣爱好。对于儿童来说，要用比正常篮球小许多的5号篮球，同时要为孩子做好防护措施，避免严重磕碰。对于老人而言，需要为老人准备休息与观察区域，以便时刻关注孩子。在孩子出现突发问题时，能够及时解决，同时老人也可以与孩子一起在球场中运动，比如老人可以陪着孩子练习投球、帮孩子捡球等。室外运动互动产品要在保护老人与孩子的安全的基础上，促进老人与孩子之间的互动。

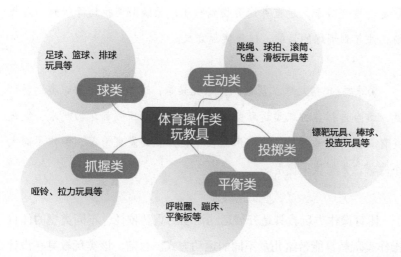

体育操作类玩教具

按照体育操作类玩教具的主要功能和操作方式，可以将体育操作类玩教具分为以下五种类别。

①走动类：包括跳绳、球拍、滚筒、飞盘、滑板玩具等，这些玩具通过走动或跑动来操作，有助于提高幼儿的走跑能力。

②投掷类：如镖靶玩具、棒球、投壶玩具等，这些玩具通过投掷动作进行游戏，适合练习投掷技巧。

③平衡类：包括呼啦圈、蹦床、平衡板等，这些玩具需要通过保持身体平衡来操作，有助于提高平衡能力，促进小脑发育。

④抓握类：如哑铃、拉力玩具，这些玩具通过抓握和投掷来操作，适合练习手眼协调能力，可以用于进行力量训练，一定要注意教具重

量是否适合孩子，过重可能会伤到孩子，导致肌肉拉伤等问题，过轻则无法起到训练的目的，缺乏实际意义。

⑤球类：包括足球、篮球、排球玩具等，这些是基础的球类运动玩具，适合进行各种球类运动的游戏。让孩子的四肢都运动起来，促进发育。值得注意的是，球类产品应根据儿童的发育情况，制作不同大小的球，方便孩子使用。

体育操作类玩教具是开展运动活动的重要依托，不同类型的体育操作类玩教具能带给儿童不同的运动方式。目前，该类玩教具在设计上也有复合的趋势，如在功能上的延伸与扩展，甚至加入智能模块，促使用户的运动表现更多元化，体验感更强。

2.3 / 隔代视角下的玩教具案例分析

家庭教育中可以借助玩教具进行娱乐和互动，从而使家庭成员获得物质与精神上的满足。对于隔代家庭，玩教具不仅是针对单方面用户的玩具产品，而且要达到寓教于乐的目的，并要求在使用中获得良好的沟通互动效果。其中，主要强调的是互动，互动是指彼此发起并对对方的行动给予反馈。

以"亲子"为关键词可以搜索到众多玩教具品类，其中以桌游、运动型玩教具居多。这些亲子类玩教具的特点在于能够促进家长和孩子之间的互动和交流，为他们提供共同体验的机会，并通过共同参与的方式促进亲子关系的发展。

按照亲子类玩教具的特征，我们对采样的市场产品进行了定位图分析。针对现有玩具互动的内容主题和互动的操作偏向两个维度进行分析，设定了"传统""运动""新型""脑力"四个方向，对 16 种产品进行定位归纳，如图所示。

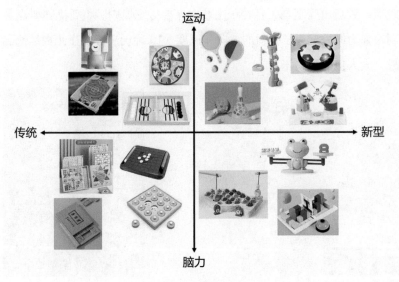

亲子类玩教具定位图

传统亲子类玩教具如跳棋、纸牌等，大人的参与度较高，这类游戏复刻了传统棋牌的规则，能锻炼儿童的棋艺，引导其体会棋艺带来的启悟和内涵，很磨炼意志、陶冶情操，培养儿童的规则意识。还有一类亲子类玩教具为改良后的竞技桌游，通常是结合了积木、棋子、拼图等丰富的道具，或是多功能多玩法的复合产品，多以脑力训练为主，需要参与游戏的双方进行比拼或合作。运动型的亲子类玩教具多为竞技玩具，如迷你高尔夫球、亲子弹射球、弹弹圈，考验玩家的身体协调力及反应能力，也能锻炼游戏双方的默契，培养双方的感情。

案例一：弹弹棋

弹弹棋是一款对抗型的桌游。主体是一个木质底托，配有十张地图，版图都是插画风格。通过更换地图呈现出不一样的故事主题，切换多种游戏场景，可以开展冰壶游戏、桌上足球、保龄球、弹射球游戏等。游戏由简至难，各种玩法基本保持传统规则。主要操作要点是利用弹力绳控制棋子弹射的方向和速度。10种玩法可以让儿童尽情挑战，大人也能缓解压力。

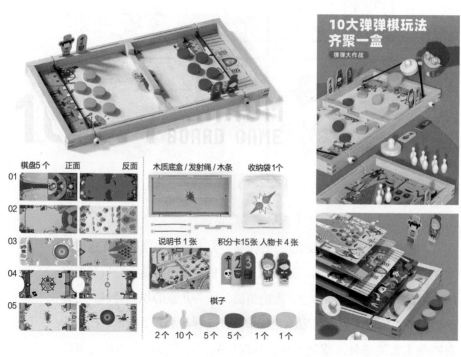

弹弹棋

案例二：对战积木

对战积木的主配件是多彩榉木木块，既可以当作普通积木进行搭建玩耍，也可以帮助孩子进行颜色认知。这款产品配套了闯关题卡和拍拍铃，可以升级游戏体验。当双方玩家参与进来时，它就成了对战积木，融合了观察、探索、搭建、竞技，充分调动玩家双方的思维能力。游戏规则是插入题卡，拍铃计时，双人竞技解题，优先搭建出题卡中的模型即拍铃获胜。题卡设计由简到难，由三维提示图过渡到二维提示图，挑战难度层层递进。

对战积木

对战积木主要考验玩家的脑力和反应力，可以适应多年龄段儿童的玩教需求，有益于开发儿童的智力。通过任务竞技机制，让双方更有参与感和成就感，手脑都得到了锻炼。这类竞技类产品适合有一定思维能力和动作能力的玩家参与，既可以是同龄人，也可以是亲子。但对于老年参与者而言，由于机能的衰退可能需要较长的反应时间，因此隔代亲子的体验感会打折扣。

案例三：思维记忆棋

思维记忆棋由棋盘、手抓棋子、配图图卡组成。游戏的玩法简单，容易操作。首先选中一张图卡放入棋盘，把棋盘盖子盖好，用棋子填满棋盘上的空格，即为初始状态。开局时玩家一次可以揭开两个盖

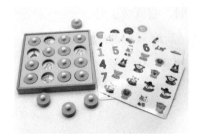

榉木棋盘1个

手抓棋子16个

思维记忆棋

子，若盖子下方的图案相同，则可以把盖子收归为自己所有，如果不同则把盖子回归原位，下位玩家继续。游戏中考验玩家的观察力和记忆力。最终得到盖子最多的玩家获胜。

这款玩教具配件较简单，其玩法很适合亲子，因此市场上的同质化产品较多，基本只进行了外观样式的改造。

案例四：迷你高尔夫球

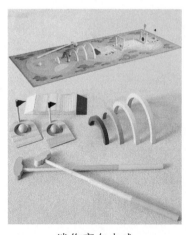

迷你高尔夫球

高尔夫球是经典的户外运动。这款产品提供了地垫、球杆和关卡配件，采用松木材质，表面涂刷水性漆，颜色饱满温润，具有亲和力。产品模拟了打高尔夫球的过程，是锻炼身体、社交玩乐、培养专注力的游戏。该游戏可以循序渐进地组合挑战关卡，探索多种玩法，激发儿童的兴趣，锻炼手眼协调能力。

这款玩具是对既有运动产品的改良。通过缩小和精简配件，让游戏适合儿童，且不受活动场地限制；通过添置关卡配件，激发创意玩法，提高了游戏的自由度。

案例五：趣味弹射抛接球

趣味弹射抛接球是运动类玩教具中的创新玩具。玩具由手柄与网篮构成，网篮内有弹射结构，由手柄上的按钮控制。这款玩教具对场地的要求不高，随时可以开展抛接互动。手柄防滑易握，符合抓握习惯。在网篮中放入小球，按压手柄即可弹出小球，对方手持网篮进行接球。在享受玩耍的乐趣中，提升专注力和方向感，全面锻炼儿童的手眼协调能力。

趣味弹射抛接球虽然在玩法上有些类似羽毛球或网球，但它实际上降低了难度。首先它解决了儿童手部力量弱的问题，操作上不需要像传统羽毛球或网球那样要大力挥拍。其次，大口径网篮给接球者留有更多的接球空间与思考判断时间，这种设计可提升游戏玩家的信心，减少挫败感。

趣味弹射抛接球

案例六：数字天平

数字天平是数学启蒙玩教具，让数学启蒙变得直观、有趣。通过观察青蛙胸前黄色指针的偏向，调整两侧砝码，让重量与平衡的关系一目了然。该产品配备了30张双面卡片，22道题目由易到难，集合了数字、图形、混合加减的知识，让儿童在玩耍中进行阶梯式学习。该产品由环保塑料制成，模型采用卡通化设计，立体模型的大小适合儿童的小手抓握，鲜艳的颜色可激发儿童的兴趣。

数字天平的玩法多样，需要家长科学引导孩子逐级探索，这对家长的数学教育逻辑有一定要求。市面上的天平玩具品类较多，一些产品还做了复合功能，如结合打地鼠游戏、钓鱼游戏等。

总体来看，亲子玩教具的设计应突出玩法的趣味性，通过建立规则引导合作，或产生竞争对抗，使游戏的结果给予玩家成就感。但现有产品同质化现象较严重。对于父母而言，亲子互动玩教具的选择范围较大，且购买决策权在自己手里，因此如果能对玩教具的玩法和功能有较深了解，

数字天平

就能较快地在心里建立好玩教互动模型，这有利于发挥玩教具的最大价值。在操作上，父母的体力和认知力都较强，无论是偏脑力型的玩教具还是偏运动型的玩教具，基本没有使用障碍。父母可以耐心地引导孩子，很好地掌控互动全局，形成良好的亲子互动。

　　然而，市面上以"隔代""祖孙"为卖点的相关玩教具品类较少，主要是一些棋牌游戏和益智小游戏。如木质彩色记忆棋，该产品由木质棋牌搭配彩色底的棋子，玩家轮流投骰子，根据指示颜色，凭记忆取出同色棋子。

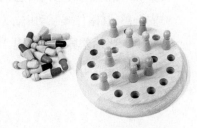

木质彩色记忆棋

产品以原木色为主，整体朴素简单。这类产品仅在材料选择上比较符合用户特征，尽管被宣传为祖孙间的互动玩教具，但实际上并没有针对老人和儿童的特点进行设计。该产品基本从单一用户视角出发，忽略了互动关系中老人与儿童是同等重要的角色。该玩教具的玩法较为固化，缺乏创新，无法满足儿童随着年龄的增长而增加的需求，无论是老人还是儿童都会很快对其丧失兴趣，因此该类玩教具销量低迷。由此可见，有些隔代玩教具产品的市场供应并没有跟上家庭需求的发展。

2.4 / 隔代家庭玩教具设计趋势

2.4.1 亲子互动方式归纳

　　通过对亲子产品及隔代问题的研究分析，可归纳出家庭中的三类亲子互动方式：相互陪伴的互动方式、利用玩教具引导亲子互动的方式、以玩教具为桥梁相互合作与竞争的互动方式。

（1）相互陪伴的互动方式

相互陪伴是最基础的互动形式，其中，陪伴并非让亲子双方面对面地待在一起才算是陪伴，而是指在完成某项活动时，亲子双方共同参与。在这一系列过程中，双方能体会到来自对方的关怀，不会因时代背景和思想观念的不同而感到孤独，从而使双方在交流互动中给予对方安全感。在陪伴式互动中，双方的存在感都会表现出来，特别是隔代关系下的代际差异将被忽视，双方会关注同一件事物，进而达成更加深层次的情感互动与交流。

（2）利用玩教具引导亲子互动的方式

利用玩教具引导亲子互动的方式，可对亲子间的互动行为进行完善。通过对玩教具引导模块进行设计，让家长在使用玩教具时进行一定的示范，从而引导儿童在不知不觉中进行类似的操作，使双方能够进一步实现情感互动与交流，在这个过程中促使儿童养成良好的行为习惯。

（3）以玩教具为桥梁相互合作与竞争的互动方式

以玩教具为桥梁，使亲子间进行模拟化的合作与竞争，这样双方进行你来我往的互动，能够促进亲子的情感交流。这种互动方式可以让隔代关系中的祖辈与孙辈进行对等的互动。通过互动模拟现实中的合作与竞争，给玩教具本身增加了真实性。隔代亲子双方在模拟的情景下进行角色扮演，在限定的规则之内完成预设的任务，最终达成目标。

2.4.2 亲子类玩教具现状总结

现有玩教具市场已有越来越多的面向亲子互动方向的玩教具品类。其中，具备现实对象替代功能的构造类玩教具可发展儿童的创造力，角色扮演类玩教具可发展儿童的语言沟通能力，智能交互类玩教具可发展儿童的社会理解力，益智类玩教具可开发儿童的学习能力。但一些隔代教育家庭的玩教具，普遍存在孤立和割裂的现象，很少以一个家庭为出发点尝试把老人和儿童通过产品体验连接成一个共同体，其在设计点上表现得过于以儿童为中心，并没有考虑隔代关系中老人对产品的需求。

值得注意的是，国内外亲子互动产品共同的发展特征是更新迭代逐渐虚拟化。在科技的影响下，出现了许多新的产品类型，如虚拟现实（VR）/增强现实（AR）玩教具、编程教育玩教具、交互式教育玩教具等，这些新型亲子玩教具展现了创新科学技术与教育理念相结合的特点，反映了社会对于教育工具不断创新、不断迭代的追求。儿童有自己的认知，对智慧化的生活他们是主动接受的。但是处在隔代关系中的老人，对于时代进步中的网络化、智能化产品相对陌生。因此老人在与儿童互动交流时，对于同类产品两者的认知存在差异，不易找到互动的共通点。平板电脑、手机等可以搭载游戏的智能产品容易使儿童沉浸在自我的世界中，在使用产品的过程中缺少与他人的正面交流，若在操作中只有单方向的情感输入与输出，则难以产生积极有效的亲子互动交流。将传统的互动方式和现代科技相结合是互动关系发展的趋势之一，通过合理的手段改变传统的隔代互动方式，能帮助祖孙两代人共同感受技术进步带来的便利。

通过产品调研，对玩教具相关网站涉及的用户评价和反馈资料进行收集整理，总结出亲子类玩教具如下的共性特征。

①具有强互动性；②具有拓展认知的特性；③具有较强的趣味性；④易组装，具有较高的操作性；⑤可以提高动手能力、协作能力、自

理能力、生活能力；⑥家长辅助儿童，可增强融入感与体验感；⑦增进亲子交流；⑧材质安全、边缘光滑圆润；⑨色彩鲜明。

当下市面上的玩教具存在的问题如下。

①以教育功能为主的玩教具，对儿童吸引力不强。例如学习游戏机，以学科教育作为出发点的玩教具设计缺乏儿童视角的兴趣吸引点，对儿童而言可玩性不强。

②部分玩教具存在玩法单一的问题。例如轨道火车玩教具，其轨道走向固定，拼接成果单一，限制了儿童的自由发挥与创造力发展。

③玩教具的玩耍周期较短。儿童在玩耍一段时间后，很快会失去兴趣，抛弃玩具，购买新品。

④玩教理念需要与时俱进，应合理利用科技的力量对传统玩教具进行改造。

总之，在隔代教育普及和玩教具行业转型发展的过程中，隔代亲子玩教具是需要深入研究的品类方向。隔代亲子玩教具在家庭教育场景中扮演着重要角色，将引导和辅助隔代亲子间的互动，使传统亲情在隔代亲子间有效传递，这也是其突出的功能作用和社会意义。符合隔代教育家庭需求的玩教具应该重视产品的联结性，不仅能实现老幼互动的亲子效果，也能单独把玩，因此在设计中需要考虑受众的需求共性以及多种环境下的适配性。

第 3 章
/ 隔代教育家庭用户研究

　　获取隔代用户需求是最开始也是最重要的环节。本研究采用问卷调查法、访谈法和观察法等，将定量研究与定性研究相结合，通过调研获取用户需求。调研的目的是了解隔代家庭祖辈与孙辈的基本信息以便构建基本的人物角色画像，了解老人和儿童在日常生活中的兴趣爱好并获取老人与儿童在互动过程中的需求痛点。

3.1 / 观察法与访谈法：用户生活情景地图

　　观察法是指研究者根据一定的研究目的、研究提纲或观察表，用自己的感官和辅助工具直接观察被研究对象，从而获得资料的一种方法。科学的观察具有目的性和计划性、系统性和可重复性。整个过程中，注意每个细节，甚至是一些细小到连使用者本人都注意不到的问题，从而发现用户的需求。观察法的优势是能通过观察直接获得资料，不需其他中间环节。因此，自然状态下的观察，能获得生动的资料。观察法具有及时性的优点，它能捕捉到正在发生的现象，搜集到一些无法言表的材料。但观察法会受一些限制：一方面，人的感官都有生理限度，超出这个限度就很难直接观察；另一方面，观察结果会受到主观意识的影响。观察者只能观察外表现象和某些物质结构，不能直接观察到事物的本质和人们的思想意识，且观察法不适合大面积调查。

访谈法，就是研究性交谈，以口头形式，根据被询问者的答复搜集客观的、不带偏见的事实材料，以准确地说明样本所要代表的总体的一种方式。通过面对面的交谈来了解受访人的心理和行为，具有较好的灵活性和适应性。访谈法的研究对象是"人"，整个研究工作都需要围绕着人进行，是一项直接从受众身上得到所需数据或结论，并作用于研究对象的方法。访谈法的研究内容与研究过程实时受调查者的掌控，有充分的灵活性，并且访谈所获得的资料皆来源于受访者的表述，在特定的访谈环境中，可以得到较为准确的访谈结果。在访谈时，调查者可以针对某一问题进行追问，还可以观察受访者的言行、表情等外在表现，对于进一步的研究有明显的帮助。访谈法也有些不足，包括成本花费高。与问卷调查法相比，访谈需要与受访者进行直接的交流，从时间与人力物力的花费上看，它的成本是很高的。访谈的灵活性决定了其访谈结果的偏差性，受访者的个人经历、心理因素，调查者的访谈方式、交流习惯等都会对最终结果造成影响。

为了开展探索性研究，本研究初期主要采取观察法、访谈法，旨在记录被访者行为、环境、物品之间的关系，通过对祖孙生活现状的观察，了解祖孙每日的生活情境，深入挖掘隔代家庭祖孙之间日常互动中可能存在的问题。

3.1.1 祖孙日常生活情境调研

本研究选定长沙市六大主城区作为调研区域，调研对象为正在承担照看学龄前孙辈任务的老人。考虑到孙辈的认知能力有限，访谈对象以祖辈为主，孙辈为辅。其中访谈法设定的提纲如下表所示，调研维度从以下四方面展开：用户信息、环境信息、日常活动、产品态度，重点关注用户的活动信息以及对产品的使用测评。调研地点选在老人带孩子经常游玩的场所，例如社区绿地、广场公园、商场等。为了遵循半结构式访谈的原则，在访谈过程中根据用户的回应随时补充或修改访谈问题，以期在紧扣研究主题的前提下逐渐挖掘出核心内容及观点。通过抽样对 10 名符合要求的用户进行了半结构化深度访谈。在获得受访者同意的情况下，为每位访谈对象建立记录文本，为接下来的深入分析做准备。

用户访谈大纲及关注维度

序号	问题大纲	调研维度
1	老人的基本信息与子女、孙辈间的关系	用户信息
2	祖孙起居空间及活动环境	环境信息
3	老人一天的生活轨迹及与孙辈互动的内容	日常活动
4	隔代教育中涉及的玩教具及其使用情况	产品态度

对 18 份有效访谈录音进行整理，采用内容分析法进行结果分析。据了解，祖孙辈的互动时间大多在孩子精力充沛的时间段，即孩子午休后和晚上，通常祖辈的锻炼时间与照看孙辈的时间是错开的，所以目前的隔代互动以孩子为主导者，其主导着开始时间、互动时长以及

互动质量。

在访谈的基础上，对祖孙一天的生活情境进行预设，为一日追踪的研究做好准备，并进一步在情境中穿插相应的研究内容。其中，以长沙市望城区一户家庭为样本进行入户调研，研究者以非参与式观察者的身份观察、记录用户一整天的行为活动。观察祖孙在互动前的准备工作，祖辈和孙辈在使用互动产品时的互动参与程度、互动热情和互动时长，户外互动时的社交状态，以及互动结束后孩子父母回家时祖孙和孩子父母交流的状态。观察过程中记录重点信息以及疑问，互动结束后对老人、孩子和孩子父母进行访谈调研，访谈内容包括用户基本情况，用户对隔代互动生活的看法以及在观察过程中记录的一些问题等。

此样本为三代同居家庭，孩子未满3岁未上幼儿园，孩子父母日间工作，一日生活以老人为主导。老人的活动主要包括准备餐食、外出买菜、照料与陪伴、休息、做家务；儿童的活动主要包括吃饭、玩乐、睡觉、个人护理与清洁。通过用户一日的时间轴，选取隔代教育相关的行为，以时间为顺序梳理目标用户的一日活动。

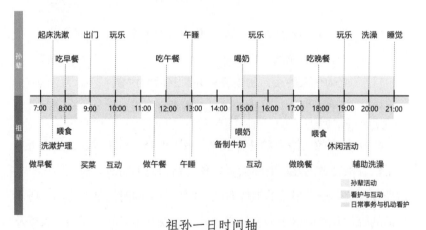

祖孙一日时间轴

3.1.2 隔代玩教具的用户体验地图

在访谈之外，对隔代祖孙的日常互动活动进行观察。在自然状态下观察隔代互动行为，主要观察记录祖孙在互动前的准备工作，祖孙之间的互动方式，祖孙在互动过程中的参与程度，以及互动结束后的状态等，接着对祖孙进行深入访谈，针对刚刚在互动过程中的一些问题进行询问了解。通过用户体验地图的方式将祖孙一天的互动生活进行可视化，挖掘祖孙隔代互动生活的痛点和情感需求。

用户体验旅程是指从用户角度出发，以叙述故事的方式描述用户使用产品或接受服务的体验情况，它将用户的体验过程分解为多个阶段，并对其进行可视化展现，帮助团队理解用户的需求、痛点和愉悦点。用户体验地图有助于深度挖掘用户的需求，发现用户阶段行为中的痛点，从而定义产品的设计机会点。绘制用户体验地图时将用户与产品交互的过程划分为不同的阶段，描述用户在每个阶段的具体行为，标注用户可能产生的情感，如高兴、满意、困惑、愤怒等，将情感坐标连接成情感曲线，观察情感曲线中的波峰和波谷，这有助于帮助研究者发现用户情感需求。在设计中要注意提高情感曲线波谷的用户情感体验，将波峰的情感体验推向极致。

在针对目标用户的观察和访谈中深入了解祖孙的日常互动生活，通过用户体验地图的方式将具有代表性的祖孙日常生活活动进行可视化，根据情感曲线的高低变化总结获取祖孙的需求，分析获得设计机会点，以对访谈的结果做进一步补充。

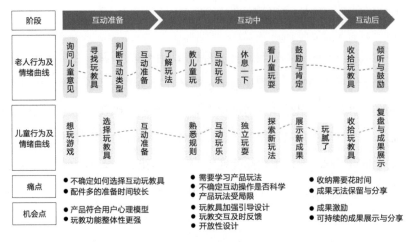

用户体验地图

从情感曲线的波峰和波谷可以看出，老人的情感曲线波谷主要体现在对玩教具进行认识判断的过程，以及和儿童之间在互动玩具上的兴趣差异；儿童的情感曲线整体较高，波谷主要体现在互动无法产出成果，无法与其他家庭进行社交分享，无法得到父母对互动成果的表扬，因此无法对互动形成激励。根据用户体验地图可以得知，为了丰富用户的情感体验，可以在互动前通过民主的方式智能推荐互动任务，从祖孙双方都感兴趣的事物入手，帮助老人对儿童进行教育启蒙，帮助祖孙二人与其他隔代家庭交流经验，锻炼社交能力，从而建立归属感，以及在孩子父母回家时三代人能有一个共同话题，和孩子父母分享祖孙的互动生活，增进祖孙三代人的感情。

3.2 / 问卷与量表：玩教体验满意度

3.2.1 隔代玩教情况问卷调查

问卷调查是一种通过设计问题和收集回答来获取信息的研究方

法。它通常以问卷的形式呈现，包含一系列问题，旨在了解受访者对
特定主题或现象的看法、态度、行为、经验等。问卷调查的目的是基
于受访者的回答，收集数据并进行分析，以得出有关总体或目标群体
的结论。问卷可以通过多种方式进行分发，如面对面、在线、邮件或
电话等。

本次问卷调查针对的是一、二线城市隔代家庭中的老年人，探究隔
代互动方式与玩教具使用情况，主要对现代社会中隔代互动现状、日
常隔代互动的互动方式和产生的问题进行研究，并通过得到的数据对
用户需求进行深入挖掘。

问卷共设计了 18 个问题，以选择题为主。问卷的第一部分是调研
用户的基本信息，包括受访者的年龄、学历、孙辈年龄、隔代教育发
生的原因；问卷的第二部分围绕用户的家庭教育活动情况进行调研，
包括时间、互动方式、学习内容及习惯、影响因素等；问卷的第三部
分是调研用户对玩教具的使用意愿和偏好。

（1）对隔代家庭基本情况的调查

本研究发放了 108 份问卷，其中有效问卷 65 份。从参与问卷调查
的用户性别占比可见祖辈中女性更多，其
原因是女性有更多照看儿童的经验，且有
更多的耐心，年轻一辈的父母大多更喜欢
邀请奶奶或者外婆来照顾孩子。

男：22.88%

女：77.12%

祖辈性别占比

在老年人年龄分布上，带孩子的老年人
主要集中在 51~65 岁，原因有如下几点。

①该年龄段老年人所在家庭中的儿童父母正处于育龄阶段。

②老年人处于退休阶段，赋闲在家。

③该年龄段的老年人仍保持着一定的体力和精力。

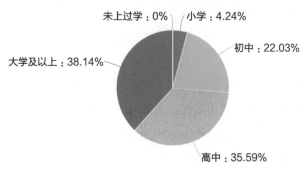

祖辈学历情况

受访的祖辈大多数接受过高中及以上的教育，这和本研究调研的样本有关，本研究调研的对象多为城市定居的家庭，老人的文化水平相对较高，这一类老人相对来说会更加重视孙辈的教育。

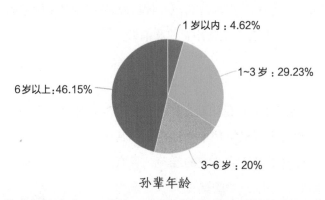

孙辈年龄

在儿童年龄分布上，被老人照看的儿童多为学龄前儿童，6岁以下的幼儿约占 53.85%。由于幼儿需要全方面照料，三代同居的家庭占大多数，而选择"不同住，但是时常去照看孙辈"的受访者多数也都是和子女及孙辈住得很近，祖辈与子女及孙辈住在一起或者住在子女及孙辈的附近可以更加方便地照顾孙辈。

（2）对隔代互动现状的调查

在日常相处中，祖辈都有意识地开展与孙辈的互动，大多数家庭会保持 10~30 分钟，频率较高，时间基本集中在白天非用餐时段。在隔代互动过程中，祖辈和孙辈都有选择权，只不过孙辈的选择较为强势，祖辈大多会迁就孙辈的喜好陪着孩子玩。调查显示，祖辈在和孙辈互动的过程中更多的是在一旁陪伴和监督，或者参与其中且由孙辈主导，可见祖辈参与互动的程度不够高，祖辈与孙辈的互动地位不平等。

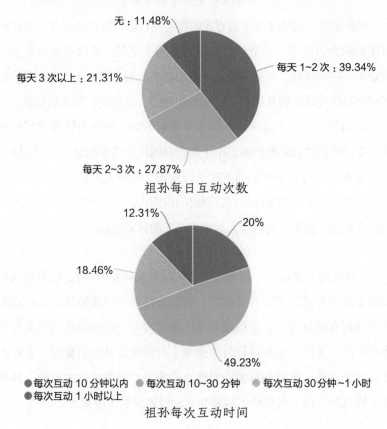

无：11.48%

每天 3 次以上：21.31%

每天 1~2 次：39.34%

每天 2~3 次：27.87%

祖孙每日互动次数

12.31%

20%

18.46%

49.23%

● 每次互动 10 分钟以内　● 每次互动 10~30 分钟　● 每次互动 30 分钟~1 小时
● 每次互动 1 小时以上

祖孙每次互动时间

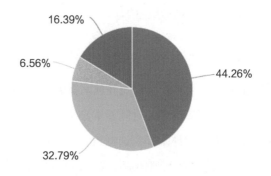

16.39%

6.56%

44.26%

32.79%

● 陪伴和监督，看着孙辈玩　　● 参与其中，孙辈主导
● 参与其中，祖辈主导　　　　● 参与其中，两人一起出谋划策

祖孙互动中扮演的角色

调研发现，老幼隔代互动方式的种类有很多，但是传统互动形式所占比例较大，祖孙互动最典型的方式是聊天交流，其次是讲故事、学习知识、唱歌跳舞，可见祖辈实际应用起来的玩教具并不多。孙辈经常玩的产品以实体玩教具居多，特别是构建类、音乐类、美术类玩具。另外，有相当一部分儿童喜欢新型电子类玩教具，包括点读笔和平板电脑或手机中提供的玩教内容，电子类产品的优势逐渐凸显。在调查问卷中调查老年人对电子产品的态度可以发现，老年人大部分接受孩子使用电子产品，但是需要保证在合理时间范围内。从老年人对于电子产品的态度来看，越年轻的老年人对电子产品的认同度越高。

在隔代亲子互动中，祖辈最开心的是看到孙辈的成长。祖辈均认可玩教互动的价值，对其自身而言，在爱好拓展、身体锻炼、适应新生活方面都有明显提升。在玩教互动中也有困难，主要表现为祖辈文化水平有限，无法对儿童进行科学指导；有些玩教具比较复杂，老年人不能明确玩法；祖辈与孙辈的兴趣点有差异，祖辈喜欢的事物，孙辈并不感兴趣。以上也反映了祖辈在互动时遇到的主要痛点。

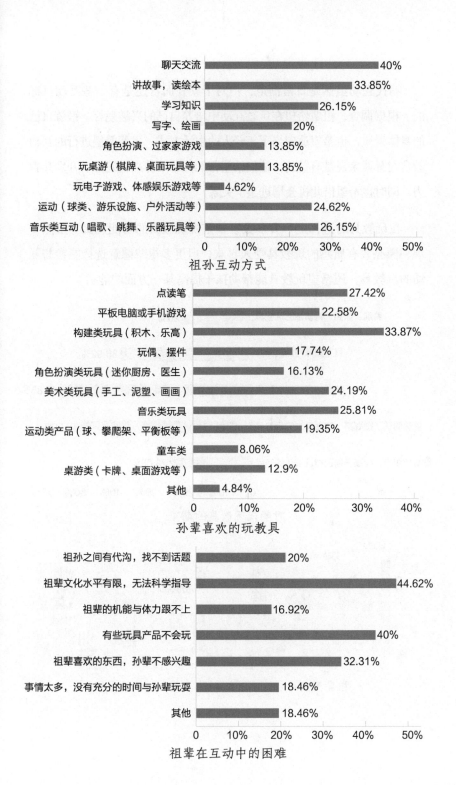

祖孙互动方式

孙辈喜欢的玩教具

祖辈在互动中的困难

（3）对隔代玩教具设计期望的调查

隔代互动虽然是日常消遣，但对于家长而言还是有一些互动目标的。根据调查，祖辈希望在玩教互动中培养自己的兴趣爱好，锻炼自己的身体素质，也希望适应当下年轻人的生活方式。祖辈希望进行的互动教育对孙辈来说是有益的，他们希望帮助孙辈培养兴趣爱好、开发其智力，同时也希望借此机会增进亲子关系。

在玩教具的选择上，大多数家长重视玩教具的功能意义。虽然美观、漂亮、有质感的玩教具受人喜欢，但更多祖辈愿意选择能参与互动的玩教具，还希望玩教具能帮助孩子提高某一方面的能力。

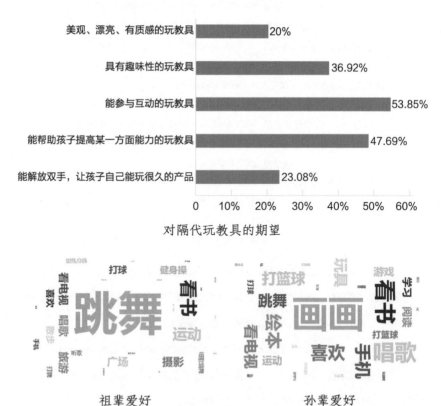

对隔代玩教具的期望

祖辈爱好　　　　　　　　　　　孙辈爱好

在调研中发现，祖辈在购买互动玩教具时，大多是通过商场推销员推荐和带着孩子去挑选的形式。他们通常以孩子的视角猜测哪一款玩教具孩子更愿意玩，但是他们也表示这种方法很不奏效，还会因年龄代沟造成负面影响。经过分析，我们发现其主要原因是目前的玩教具以儿童为中心，在造型和设计上都对祖辈十分不友好，同时产品的功能指向也不够明确，需要祖辈去猜测有什么功能、怎么去用。

问卷的最后一部分是开放题，收集了祖孙双方的兴趣爱好。总体而言，老人的兴趣爱好较为传统，如跳舞、看书等；儿童的好奇心强，接受新事物的能力强，爱好较为广泛，如画画、看书（绘本）、唱歌、做游戏。

3.2.2 玩教熟悉度测量

熟悉效应是指人们对反复接触的事物产生的一种认知上的偏好。它源自大脑对信息处理的一种天然倾向——对于熟悉的事物，大脑会更容易、更快速地进行处理，并且伴随着一种舒适和安心的感觉。之前的研究表明，大脑衰老会导致记忆减少，但不影响熟悉度。熟悉一个系统意味着我们已经准备好基于我们的先验知识以一种简单直观的方式与它进行交互。熟悉度在任何产品的使用中都起着重要的作用。如果用户对产品感到熟悉，那么他或她就更有可能理解产品的目的和用途。研究表明，熟悉度可以增强行为能力，还可以为老年人提供情感意义，增强环境的安全性、可用性和吸引力。

主观评价是一种常用的测量熟悉度的方法。将熟悉度视为单一维度结构会限制我们对影响熟悉度的因素以及如何使用这些因素影响设计的理解。因此，在这项工作中，我们探索了熟悉度的五个子维度，以帮助我们为开发合适的玩教具提供设计方法。

（1）先前经验

先前经验是指一个人之前与目标刺激相关的经验。先前经验的来源可以来自刺激物本身，也可以来自语义上与刺激物相关的物体。储存在记忆中的先前经验影响感知熟悉度。相关研究认为，熟悉度取决于对先前知识和经验的详细记忆。熟悉并不局限于感知信息，还包括在一个人的头脑中先前的经验。说明熟悉度是一个相对的概念，它取决于每个用户之前的经验。因此，先前经验在熟悉度感知中起着重要作用。老年人是否听说过、搜索过、使用过或拥有过某种相关物品，会影响与刺激相关的先前经验水平。此外，在与新技术交互时，先前的经验对用户的表现有积极的影响。

（2）积极情绪

积极情绪是指人们在相似的刺激下产生的愉悦的情绪，其已被证明对熟悉度有积极的影响。积极的情绪可以使某些环境刺激更加突出，并引发更深层次的处理和更好的记忆。人们很容易回忆起充满感情的时刻，这些时刻似乎是最生动、最持久的记忆。同时，对过去事件的记忆往往伴随着情绪，并受到情绪的影响。莱文（Levine）和埃德尔斯坦（Edelstein，2009年）进行的实验研究表明，积极情绪主导着整体认识，而负面情绪会使人关注具体细节。产生熟悉感并不需要记住事件里的细节，而是整体感觉更重要。此外，研究表明，与消极记忆相关的情感往往比与积极记忆相关的情感消退得更快。因此，过去事件中的积极情绪比消极情绪更容易产生熟悉感。此外，事件中的情绪强度也会影响记忆和熟悉度。情感强烈的事件往往会被记得更久、更生动、更有回忆感。

（3）发生频率

发生频率是指个体在记忆中储存的遇到刺激的频率。许多研究表明，人们遇到刺激的次数越多，记忆就越深刻。梅根（Meghan）等人（2017 年）提出，发生频率会影响事件在用户记忆中的生动性。此外，研究表明，出现频率对熟悉感有积极影响。雅各比（Jacoby，1999年）认为，重复使用会增强对物品的熟悉度。伊内利纳斯（Yonelinas，2002 年）还指出，重复刺激会导致熟悉度和回忆的增加。并且，熟悉度受出现频率的影响很大。

（4）加工水平

加工水平是指一个人的记忆加工的深度。与浅加工（基于感知）相比，深度加工（基于意义）会导致熟悉度的持续增强，因为识别和回忆都有显著提高。许多研究结果表明，基于意义的处理可以更好地支持熟悉度。例如，雅各比（1991 年）发现，与以正常形式呈现单词的情况相比，解题形式会加深对某个单词的感知熟悉度。安东尼（Anthony）等人（1997 年）发现，概念加工（深度加工）对比感知加工（浅加工）更容易产生熟悉度。罗兹（Rhodes）和阿纳斯塔西（Anastasi，2000 年）在实验中发现，能进行深度加工的人比浅加工的人能回忆更多信息。因此，一个人在之前的经历中处理类似刺激的程度可能会显著影响对当前刺激的熟悉程度。

（5）保留率

保留率指的是关于刺激的记忆被保留了多少，以及两次接触之间的时间间隔对记忆的负面影响。两次接触之间的间隔越长，用户的熟悉感就会下降得越多。熟悉度在短期和长期延迟（即几分钟到几个月）中表现出明显的遗忘效应。霍克利（Hockley，1992 年）发现，无论是对单个单词还是对有联想的单词，熟悉度都随着时间间隔的增加而显著降低。霍克利（Hockley）和辛索利（Cinsoli）的实验结果表明，熟悉度会随着时间的延迟（30 分钟、1 天、2 天和 7 天）而降低。汤普森（Thompson）等（2013 年）认为，时间间隔的增加会导致留存的记忆减少。

在针对多组祖孙的实地调研中，我们评估了满意度和熟悉度之间的相关性。每对参与者按随机顺序体验四个设计了不同任务的玩教具，玩教具主题包括棋类、搭建类、音乐类、球类。收集了参与者在不同游戏中的反馈和对经验、情绪、频率、加工水平、保留率五个要素的评价量表和访谈数据。每个子要素的得分是游戏界面及任务评分的平均值。熟悉度得分是玩家对每个游戏结束后整体熟悉感的自我评分。结果表明，以上五个要素均与熟悉度呈显著正相关。此外，熟悉程度与用户对游戏的满意度之间存在显著的正相关。基于这些发现，为设计和开发合适的隔代互动玩教具提供参考，以提高双方用户的玩教体验和对玩教具的满意度。

五个要素与熟悉度之间的斯皮尔曼相关系数[①]

	先前经验	积极情绪	发生频率	加工水平	保留率
熟悉度	0.689	0.621	0.583	0.651	0.506
意义值	< 0.01	< 0.01	< 0.01	< 0.01	< 0.01

① 斯皮尔曼相关系数（Spearman's rank correlation coefficient），通常表示为 ρ，是一种非参数统计方法，用于衡量两个变量间的关系强度和方向。

3.2.3 隔代玩教体验满意度

隔代玩教体验的满意度和玩教内容存在着紧密的关联，对玩教内容的选择通常是用户兴趣爱好的一种投射。基于问卷调查结果梳理了祖辈与孙辈感兴趣的活动，结合对用户日常生活的观察以及文献资料的整理，总结出老人与儿童兴趣爱好列表。如表所示，本研究将老人和儿童的兴趣爱好分为健身、媒体、社交和文化这四大类。如何科学地利用祖孙的爱好丰富隔代玩教互动体验，是隔代玩教具设计中值得思考的问题。

老人与儿童兴趣爱好列表

类型	老人的兴趣爱好	儿童的兴趣爱好
健身	散步，跑步，跳广场舞，打太极拳，练武术，打乒乓球等球类运动，登山等户外运动	踢足球等球类运动，骑平衡车等童车项目，跳绳，跑步，游泳等水上运动
媒体	看电视，听广播，上网，读书看报	听音乐，听故事，看动画片，上网，玩电子游戏
社交	旅游，逛街，参加社团活动等	多人游戏（丢手绢、老鹰捉小鸡等），桌游
文化	读写绘画，玩乐器，做手工艺品，下棋，打牌，打麻将，看电影、戏剧、展览	读写绘画，唱歌，跳舞，玩乐器，做小实验，做手工艺品，玩桌游

由上表看出，祖孙双方的兴趣爱好有明显差异，但其中不乏一些共同爱好，如读写绘画、玩乐器等。这些活动容易被老人和儿童掌握，具有很强的互动性，同时还具备一定的开放性，可作为连接祖孙互动的契合点。然而，倘若直接在祖孙之间植入传统的活动进行互动，其内容难以同时满足老人与儿童的需求。如棋牌游戏中的围棋，

对老人而言是锻炼心智陶冶情操的工具，但其游戏规则对幼儿来说较难掌握；同时传统的棋盘较大，不符合儿童人体工程学，并且零散的棋子很容易被幼儿洒落或误食。若想提升祖孙关于围棋的玩教互动体验，必然要对传统围棋进行全龄友好改造。

通过调查了解到隔代玩教互动中有以下几点问题。

①隔代互动时因为孩子的注意力不易集中，不易形成完整的交互过程，老人需要在互动中不断通过声音、动作、道具来集中孩子的注意力，这样就很难形成完整的交互行为闭环。

②老人的体质不同于儿童，双方的体力并不对等，互动双方的娱乐时长并不相同，老人在精力和体力上跟不上儿童。

③互动产品倾向于儿童，老人的参与机会较少，只能以旁观者的身份进行陪伴。

④老人与儿童对电子产品都有很大的兴趣，在调研中发现儿童的学习接受能力较强，很快能够学会使用电子设备，但是自制力不强，需要家长来监督。老人通常使用电子产品来代替传统的日常项目，如用查看资讯软件来代替看报，利用网络斗地主游戏来代替小区打牌娱乐等。大部分老人的自制力较强，可以合理安排自己的娱乐时间。

3.3 / 隔代家庭中的人物角色画像

这里的人物并非真实存在的人物，也不是统计学上的平均用户。人物角色画像更趋向于展示用户是怎么使用产品的，扮演一个设计暗示的角色。通过融合用户群特征，并将这些特征赋予虚拟人物，从而在设计者心中建立更有真实感的用户形象。人物角色能帮助设计师跳出自我视角，更多地从用户的角度进行思考，使得团队成员能够真实地接触到用户的世界。

特点：从小习惯奶奶的照顾，对奶奶很依赖。性格活泼开朗，会玩平板电脑，喜欢探索新事物。

爱好：喜欢听歌，喜欢做游戏，喜欢动画片，爱养小动物。

小晨　3岁
家中独生子
幼儿园小班

特点：学历高，平时工作较忙，工作日早出晚归。对孩子的教育很重视，会为孩子精选玩具，工作之余会有意识地多陪伴孩子。

爱好：喜欢看书，喜欢拍照，喜欢购物，关注育儿资讯。

林静　33岁
小晨的妈妈
公司职员

特点：孙子出生后便搬入儿子家帮忙照顾孙子，主要在工作日负责看护带玩。只会使用家中几款简单的玩教具。

爱好：喜欢跳舞，喜欢社交，喜欢传统文化。

唐奶奶　60岁
小晨的奶奶
有一定文化水平

隔代家庭人物角色画像

在针对目标用户的观察和访谈中深入了解祖孙的日常互动生活，得出用户的共性特征，将家庭教育中的典型人物信息通过人物角色画像的方式表现出来。以家庭结构是三代同居的联合抚养模式的家庭为例，家庭中的父母是30岁以上的上班族，工作日早出晚归，中午不会回家，偶尔晚上会加班。唐奶奶退休后就搬到儿子家帮忙照顾孙子小晨，孙子小晨目前在上幼儿园小班，对新事物充满了想象和好奇，喜欢探索新事物。小晨幼儿园放学后由奶奶接回家，会与奶奶分享学到的新东西，在父母下班回家前小晨跟奶奶在一起形影不离。父母虽重视育儿，但平时仅与小晨在晚饭后简单互动，在周末及节假日才会更多地参与玩教互动。

3.4 / 隔代双方行为与认知特点

隔代互动的对象是祖辈和孙辈两代人，祖辈和孙辈的生理、心理之间存在差异性和相似性，不同的特征对祖孙之间的互动生活会产生不同的影响，在研究隔代互动时要分析这两类人群的特征。

3.4.1 祖辈行为与认知特点

老年人作为一个特殊群体，在步入老年后，可能出现身心健康、经济收入、社会角色以及生活环境等多方面的变化。在个体层面上，心理学家提出"行为老化学说"，认为老年人随着年龄增长，对刺激的反应时间会延长，出现学习能力、理解能力减弱，记忆力逐渐衰退等问题；在社会层面上，心理学家提出"疏离说"，认为老年人的社会活动减少，人际交流也变少。通过分析发现，良好的代际接触体验可转变老年人的消极态度。因此，良好的代际接触体验，尤其是祖孙之间的接触，可能是建立和谐代际关系的重要影响因素。

随着年龄的增长，老年人可能会面临各种与健康相关的问题，据报道，老年人出现健康问题的概率是 60 岁以下人群的两倍，身体机能限制是 60 岁以下人群的四倍。这是许多老年人面临的共同问题。祖辈逐渐步入老年期，由于新陈代谢的减弱，身体的平衡能力、柔韧性、耐力等身体素质随年龄的增长而迅速下降。老年人的身高会比年轻时矮，上肢力量减弱，而上肢力量在日常生活中起着重要作用；身体的感知能力也会随年龄的增长逐渐下降，主要表现在视觉和听觉的弱化，行动能力也有所减缓，活动倾向于简单的运动与散步。

祖辈由于身体上各种器官功能和组织结构逐渐衰退，加上退休之后社会关系和生活方式发生改变，其心理和生理都会产生相应的变化。祖辈的人物特征及其影响主要表现为以下几点。

①大脑功能衰退。祖辈的脑细胞随年龄增长逐渐老化，会影响其记忆力、想象力和思考能力，因此祖辈需要在互动过程中从事一些脑力活动以刺激大脑。由于新科技产品的复杂性，老年人面对新兴电子产品时往往有畏难情绪。

②运动能力减弱。祖辈的运动能力开始衰退，运动机能下降，难以参与高强度的互动活动，但是可以参加适当的体育活动。

③具有怀旧心理。祖辈会经常回忆往事，怀念曾经带来美好体验的事物，在和孙辈互动时触发的美好回忆对隔代互动有着积极的影响。

④产生空虚寂寞感。由于生活圈子变窄，祖辈的空闲时间增多，如果缺少兴趣爱好便会容易感到空虚寂寞，因此和孙辈的互动能排解孤独感，满足其情感需求。

⑤具有丰富的生活经验和人生阅历。祖辈在岁月中积累的宝贵知识经验可以在互动过程中传递给孙辈，从而实现自我价值。

3.4.2 孙辈行为与认知特点

本研究中的儿童主体主要是学龄前儿童，他们的感知能力发展迅速但容易受到外界影响，行动能力随着骨骼的发展也逐步提升，他们的身体与机能都处于快速发展与健全的过程中。在儿童的早期发展阶段要培养其感知觉能力，需要通过大量的活动来接收多种多样的信息。在这个过程中，中枢神经系统与运动系统的发育不断完善，大动作与精细动作得到发展，但力量及协调性仍需要巩固、发展。

根据皮亚杰的认知发展理论，学龄前儿童主要处于感知运动阶段和前运算阶段。在这两个阶段中，儿童通过与外界的沟通和互动，感知、语言和思维这三种主要的能力都得到了迅速发展。儿童正处于生长发育的重要时期，同时也是培养性格的关键时期，这一时期儿童的生理结构逐渐走向成熟，心理健康状况也会对他的一生产生很大的影响，儿童阶段的特征主要表现为以下几点。

①脑部发育迅速。儿童时期脑部发展较快，是智力开发的重要时期，在互动生活中要注意孙辈的脑部智力开发，多让孙辈尝试一些益智活动。

②身体快速发展。孙辈天性好动，能够通过运动和游戏，逐渐强化其肌肉控制能力和动手实践能力，因此在互动过程中一方面要注意培养动手能力，另一方面要注意保障安全。

③充满好奇心。孙辈处于对知识渴求的阶段，对新鲜的人和事物充满热情，对外界事物抱有强烈的求知欲。

④兴趣多元化。儿童时期是培养兴趣爱好的最佳时期，孙辈的爱好极为广泛，但是如果有失败的经历可能会导致孙辈产生厌恶感，因此在互动过程中可以适当培养孙辈的爱好。

⑤喜欢模仿。孙辈喜欢模仿成年人的一举一动，祖辈在互动中如果做了积极的示范，孙辈就能在模仿的过程中养成良好的生活习惯。

皮亚杰的研究认为，儿童游戏的类型与儿童认知发展水平密切相关，根据儿童认知发展阶段的不同，儿童游戏可以分为练习性游戏（0~2 岁）、象征性游戏（3~6 岁）和规则性游戏（7~11 岁）。最适合学龄前儿童的游戏类型是象征性游戏。象征性游戏的本质是儿童借助象征性思维通过符号对现实世界进行模仿和想象，以完成自身思维与外部世界的同化。依照玩具载体的区别，象征性游戏可以分为构建类、角色扮演类、智能互动类等不同类型，儿童的认知发展涵盖创造性、语言能力、社会理解力等不同方面。根据文献研究对儿童游戏类型与认知发展阶段进行匹配，总结出的具体游戏类型及其玩耍方式如下。

① 促进儿童创造力发展的游戏类型。在儿童创造力发展方面，研究发现具有现实对象替代作用的构建类玩具能够有效促进儿童的实际操作技能和创造性思维发展。幼儿的创造力表现为发散性思维和创造性想象两个部分，因此，具有以物代物功能的象征性游戏能够锻炼儿童的发散性思维和解决问题的能力，也可促进儿童的创造性想象。

②促进儿童语言能力发展的游戏类型。Dickinson 和 Moreton 采用

游戏训练研究法发现，角色扮演类游戏能丰富儿童在游戏中的语言词汇，并能提高儿童的语言表达能力。

③促进儿童理解力发展的游戏类型。具有人与人之间互动特点的游戏有助于儿童理解力的发展。在具有互动性的游戏中，儿童通过与其他人之间的情感交流，可实现自我感知、增强社会认知，从而锻炼对他人行为的共情理解力。

通过对儿童群体日常生活的观察会发现，儿童基本不能独立生活，因此对父母、祖辈等亲属非常依赖；其行为举止、兴趣爱好都容易受到身边环境的影响。同时，儿童主要是依靠视觉、听觉、触觉、味觉、嗅觉等感官直接来感受身边的环境，并且儿童可以敏锐地接收到周边环境传递出的情感信号，这说明儿童产品需要重视造型、色彩、材料以及肌理方面的设计。

综上所述，祖辈和孙辈存在生理差异和心理差异，随着年龄的增长，孙辈的身体和思维不断成长发展，而祖辈的体力和记忆力水平却在不断衰退，但是他们同时都需要锻炼，都渴望在互动过程中满足生理和心理的需求。在祖辈和孙辈彼此的接触沟通中，和谐的互动行为可以减少祖辈的孤独感、空虚感，帮助其改善心理和生理状态，有利于祖辈安度晚年，也可以增强儿童的自尊心，帮助儿童培养社会责任感，促进其身心发展和健康成长。因此，应鼓励祖孙更多地沟通交流，促进隔代亲密关系发展，长此以往将有益于祖辈和孙辈的身心健康，同时也有利于建立亲密和谐的家庭环境。

3.5 / 用户需求分析

3.5.1 用户需求整理

前期定量和定性相结合的研究，其重要目的是基于隔代双方对日常经历中的活动、情境，洞察满足其参与感和愉悦感的心理需求。调研中着重采集了祖辈及孙辈对玩教具的意见和对玩教具的期待，将情绪体验和访谈内容进行需求编码分析。对采集的用户需求进行汇总及分类整理，精简合并了意义相同的需求，删除了不切实际的需求，如下表所示。

隔代家庭中的儿童需求列表

需求描述	内涵	代表性语句记录	需求属性
感官吸引	感官愉悦，给用户留下好印象	喜欢颜色亮的 软软的好舒服	认知需求
兴趣驱使	贴合用户兴趣和爱好	我喜欢某种卡通 想干什么就干什么	情感需求
安全放松	能够感觉到安全感和舒适感	那个动物，我怕 奶奶帮我打开 这个我会玩	认知需求
趣味体验	玩法体验好，用户可以感受到身心合一的投入感	我喜欢某种游戏 好过瘾呀 再玩一次	功能需求
激励达成	能产出成果，激励用户继续深入互动，获得认可	我得到小红旗啦 我解锁了下一关	情感需求
群体互动	家庭成员间产生交流互动	我要给妈妈看 奶奶陪我一起玩 我们来比赛	情感需求
自我实现	在互动完成后得到物质、身体、情绪、文化等方面的满足	可以保存我的作品吗 我赢了好开心	情感需求

隔代家庭的祖辈需求列表

需求描述	内涵	代表性语句记录	需求属性
感官吸引	感官愉悦，给用户留下好印象	给孙子的玩教具要质量好，有质感的玩教具不能有尖角和毛刺	认知需求
兴趣驱使	贴合用户兴趣和爱好	每天最开心的事就是教孙子下象棋 希望我喜欢的，孙子也喜欢	情感需求
参与认同	产品让用户认同个人价值和个人身份	一些游戏不适合我们老年人 最好能一起学习	情感需求
辅助教育	向用户传递知识和经验	能学到东西 我不太懂，担心教错了 纠正我讲得不对的地方 可以让孩子自己玩一会，解放我们大人	功能需求
掌控操作	易于操作，能感受到掌控感	部件多了容易丢 不喜欢太复杂的 最好拿到手就会用 质量好，反应灵敏	功能需求
易于学习	能快速理解产品，学会使用产品	这个步骤学不会 下次玩又会忘记了 规则不要搞复杂 最好能提示一下	功能需求
可持续性	产品的利用率高、功能多，玩法简单多样	希望玩具能玩得时间长一些，不容易闲置 希望有新的玩法	功能需求
符合认知	产品使用方法符合用户的思维认知	我选择的产品希望孩子也会喜欢 看到这些让我回想起之前的日子	认知需求
趣味体验	玩法体验好，用户可以感受到身心合一的投入感	陪孙子一起练习让我很有干劲 时间过得很快，不费神也不费力 找一款合适的游戏	功能需求

需求描述	内涵	代表性语句记录	需求属性
群体互动	促进家庭成员间的交流互动	看到孩子一个人的时候我也想和他一起玩 孩子跟我或跟他爸妈都能玩 经常视频联系	情感需求
自我实现	在互动完成后得到物质、身体、情绪、文化等方面的兴奋和满足	我能解答孙子提出的疑问，我也挺高兴 讲故事的过程中感受到自身价值	情感需求

　　虽然家庭中的用户画像涉及幼、中、老三个角色，但用户需求可以归纳为认知需求、功能需求、情感需求三个方面。认知需求指的是产品要从视觉、触觉、听觉等方面符合用户的审美，激发用户的兴趣，让用户本能地接受产品。功能需求指的是用户能便捷、容易地使用产品，达到用户的心理预期。情感需求指的是用户能实现自我价值，满足用户精神层次的追求。家庭中的玩教互动有助于老人和儿童在规律、平等的互动中建立稳定、亲密的人际关系。各用户的需求矛盾点主要在于互动主题及对玩教具的兴趣差异。因此，应该平衡需求，从祖孙双方都感兴趣的事物入手，帮助祖辈对孙辈进行有效的启蒙教育。

3.5.2 祖孙共有需求提取

祖孙共有需求列表

第一层	第二层	内涵	实现途径
认知训练需求	感官吸引	感官愉悦，给用户留下好印象	产品外观设计（颜色、造型、材质、表面处理）应该符合用户的审美认知 使用女声和童声等有亲和感的语音提示，能增强可信度

第一层	第二层	内涵	实现途径
认知训练需求	符合认知	产品使用方法符合用户的思维认知	用图标与文字进行引导，采用经验性符号 使用图片和语音进行提示 产品可以个性化定制
	辅助教育	向用户传递知识和经验	产品可传递知识 老人向儿童传递知识和生活经验 儿童帮助老人掌握现代科技
行为协调需求	掌控操作	易于操作，能感受到掌控感	人机适配设计 结合多种操作方式，符合用户的认知行为特点 文字图标大小可调节
	易于学习	能快速理解产品，学会使用产品	选用老人和儿童熟知的互动方式 符合日常产品的使用方法
	趣味体验	玩法体验好，用户可以感受到身心合一的投入感	选用老人和儿童都感兴趣的互动方式 祖孙之间有合作和竞争
情感培养需求	兴趣驱使	贴合用户兴趣和爱好	对用户熟悉且感兴趣的活动进行再设计 提高祖孙参与互动的积极性
	自我实现	在互动完成后得到物质、身体、情绪、文化等方面的满足	互动成果可以是电子成果也可以是实物成果 成果能得到他人的认可和赞扬
社会发展需求	群体互动	有助于加强家庭成员间的交流互动	帮助祖孙和孩子父母进行有效沟通 促进祖孙和其他家庭进行交流

　　祖辈与孙辈在智力水平、心理认知能力、运动协调能力、身体特性等方面存在巨大的差异，但这并不是不可调和的。显然，祖孙在互动过程中，双方的行为认知建立了积极的共联，这是实现代际无障碍需要把握的关键点。围绕代际协同系统，从体能训练、认知训练、情

感发展等方面，可以进一步提取祖孙互动中的多重共有需求。

（1）行为协调的需求

在儿童早期发展中，他们需要通过大量的活动来接触多种多样的信息源，为感知觉的发展提供原料。如取物、投放、绘画等，要在正确引导和不断的行为练习中，逐渐实现对操作的把控，特别是提高其精细运动能力。对于老年人来说，操持家务及照料孙辈是日常活动的一部分，同时适当的活动和身体锻炼也是必不可少的，这有利于维持体能的持续复健。因此，祖孙共同完成的活动事项应符合两者的体能要求和精细运动要求，运作方式需要考虑两者的顺手位、互动角色、行为特征等，既要从儿童的角度保证安全，又要从老人的角度考虑无障碍操作，以保证双方的协调，提高互动效率。

（2）认知训练的需求

2~6 岁的学龄前儿童，其认知能力开始发展，好奇心也让孩子打开新世界的大门并进行多元探索。在新的教育观下，越来越多的家长开始注重儿童问题的解决和创造力的培养。优质的祖孙互动应该是有利于儿童思维能力发展的，需要大量的参与式互动。老人在与儿童的互动过程中，通常会使用体验类产品、语言沟通类产品、益智玩具等辅助儿童学习。对老人来说，他们是处在特殊阶段的群体，自身认知能力也开始退化，正需要一定的益智训练帮助他们缓解衰老。祖孙在一起相处，进行认知游戏训练，老年人既是参与者，又是指导者，既能发挥自己经验丰富的长处，又能够进行一定的健智锻炼。需要指出的是，认知训练是双方共有的需求，但老年人的健智方式和儿童的智能发展情况存在一定差异，在设计相关产品时，需要权衡互动双方的智力差异，并根据其特点设计互动的方式和流程。

（3）情感培养的需求

隔代教育是一个建立紧密情感联系的过程，祖辈对于孙辈具有天然融洽的情感。孙辈会在与祖辈相处的过程中感受到来自祖辈给予的支持和安全感，对老人有充分的信任和依赖；老人在培养祖孙情感时，乐于主动输出并具有很强的包容性，在进行选择的时候更优先以孙辈为中心。因此，作为代际互动的载体，玩教具应该符合儿童及老人两者的心理预期，满足两者共同的情感需求。

（4）社交发展的需求

儿童社会能力的培养，除了和长辈接触，也需要融入多样化的社会环境。而对于老人来说，虽然看护孙辈与社交产生了一定的冲突，但他们并不愿意完全放弃日常社交。在祖孙互动中，常常会出现社交化的场景，如社区里的集体互动等。在隔代教育中，社交的障碍主要为外出用品的清点、老人行动的不便及对儿童安全的顾虑。积极推进便捷式外出，对于祖孙两代的发展都具有促进作用。

3.5.3 隔代家庭玩教需求总结

儿童是玩教具的核心用户。根据皮亚杰的认知发展理论，处于感知运动阶段和前运算阶段的儿童，需要与外界建立大量的互动来接收多种多样的信息。可见，儿童对玩教具的需求非常直接（感官吸引占大部分），尤其是好看的形象和连续的反馈，让儿童更容易沉浸在玩教体验中。因此，需要满足儿童对于玩教具的心理期望。儿童的特点是充满好奇、喜欢缤纷的色彩、易与他人互动，这些也是在玩教具设计过程中应该考虑的。

父辈是玩教活动的支持者与推动者。在玩教具的选择上，大多会受父母的直接影响。基于对玩教具安全性和益智性的需求，在选择产品时，父母会考虑产品是否安全无害、是否会对孩子的心智造成影响。具有新育儿观的父母对各类形式玩教具的包容度较高，同时非常重视孩子的玩教环节，会甄别玩教具的科学性和安全性，以及在意玩教具对孩子身心发展的导向作用。虽然年轻的在职父母可以提供丰富的物质，但陪伴孩子的时间有限，玩教目标是否能达成取决于与孩子实际互动的效果。

老人作为玩教具的被动接受者，首先需要在心理层面理解和接受。大多数老人期望玩教活动中的操作是简单易行、有操作引导的，不需要动用太多精力和体力，产品的掌控感和辅助性对老人而言非常重要。

隔代家庭中的玩教具应该推动家庭全员为一致性的教育目标服务。借助玩教具为三代人建立一个共同话题，在各成员之间搭建起友好链接，特别是引导祖辈正确认识和使用玩教具，为儿童开展有效的教育启蒙，建立认同感及成就感。

第 4 章
/ 全龄友好型玩教具研究

4.1 / 全龄友好型玩教具的内涵

4.1.1 全龄友好型玩教具的概念

随着全龄友好理念的深入，全社会对老人和儿童的关注越来越多。全龄友好社会建设是一个系统化的工程，从代际和谐的角度考虑老幼青三代人的现实需求，要充分营造颐养优教的友好环境。全龄，意味着关注各年龄段群体；友好，意味着既能享受到普惠性的、高品质的公共服务，也能满足部分小众、个性化的需求。全龄友好切实体现在社会生活的细节里，体现在以各年龄群体的多层次需求为导向，将包容互助和柔性关爱渗透到城市规划、建设、治理、运行的各个环节，把人文关怀落实到衣食住行育教医养各个细微处，面向并回应各类人群的服务需求。2021 年，国家发展改革委等 23 个部门印发的《关于推进儿童友好城市建设的指导意见》，明确了创建儿童友好城市的指导思想、基本原则和主要目标。其中提到了推进家庭家教家风建设——深入实施家家幸福安康工程，建设文明家庭、实施科学家教、传承优良家风。构建学校家庭社会协同育人体系，加强家庭教育指导服务，增强家庭监护责任意识和能力，建立良好亲子关系，培养儿童良好思想品行和生活习惯。

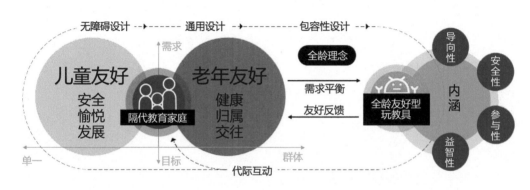

全龄友好型玩教具的内涵

综合现有产品在隔代教育中反映出来的问题，基于隔代教育家庭的玩教需求，提出"全龄友好型玩教具"的概念。全龄友好型玩教具不单一以儿童为中心，而是将玩教具的用户扩展至三代，尽可能适配家庭全员参与儿童玩教的情景，提升玩教具的利用率，并为互动双方在身体健康、情绪认知等方面带来积极作用。友好的玩教具不仅关注儿童的成长和发展，同时也考虑到成年人和老年人的需求，体现了社会的包容性和关怀性；不仅能够有效实现生活资源的整合，还能兼顾老幼两代人不同的需求，实现家庭"养老"和"抚幼"功能的平衡。

前期市场调研中总结的亲子玩教具的共性特征为全龄友好型玩教具设计提供参考，引申出导向性、安全性、参与性、益智性四层含义。

4.1.2 全龄友好型玩教具的导向性

人类行为由大脑支配做出相应动作，有些产品会通过具有导向性的设计保证用户更顺畅地使用。因为用户较为特殊，老人与儿童都具有特殊性，老人会根据自己的习惯去尝试从未使用的产品，儿童会根据本能反应去使用新接触的玩具，因此友好型玩教具应通过具有导向性的设计来降低用户的学习成本。玩教具的导向性是指产品在设计和功能上所具有的引导意义，让玩教具的使用方法容易被理解，玩法能够被用户识别和掌握。综合考虑儿童的年龄、发展阶段、文化背景和个人兴趣，以提供适合他们的玩具和游戏。体现在产品中则表现为配有明显的帮助提示，可以是说明书，也可以是智能化的感官引导与协助，以实现有意义的教育互动。在实际的互动中，儿童和老人都不会畏惧使用这样的新产品。

（1）教育目标的导向

玩教具的友好重点体现在以设计手段提高玩教具的利用率，祖辈在教育引导时可以以此为载体因材施教。儿童是活泼好动的群体，他们有着精彩的内心世界，充满了想象力和好奇心。玩教具应该在满足儿童生理和心理特征的基础上，达到促进儿童学习的目的。对于老人，应为其使用的界面增加说明引导、互动引导、流程引导、通识性标识引导等；对于儿童，通常使用反馈性引导、指示性引导和较为明显且偏向本能性的引导方式。

例如在本能层方面，可以通过添加与学习内容和儿童喜好相配合的背景音乐来增强知识点的记忆；在行为层方面，儿童和其他人的互相合作能增强互助精神，促进自己和他人学习效果的最大化，实现共同的学习目标。也可以通过游戏和互动，培养儿童的认知能力、动手能力、创新思维和社会交往能力。

（2）玩法导向

明晰的规则和贴心的提示有助于用户更快速地理解和掌握玩教具的使用方法。清晰的规则和步骤说明，以及直观的示范和演示，让儿童能够迅速掌握，避免因为操作不当而失去兴趣。玩教具的玩法导向是指玩教具的设计和使用应该清晰地指导儿童如何玩耍，从而更好地发挥玩教具的教育作用。例如设计一款棋类玩具，应该清晰地说明棋子的走法、胜负条件等规则。再如，设计一款电子玩具，可以通过提示音或文字提示，指导儿童如何操作。一个玩教具独特且清晰的玩法能够激发儿童的学习兴趣和积极性。多样化的玩法和创意挑战，可以吸引儿童的注意力，让他们在游戏中不断探索和学习。例如，设计一款积木玩具，可以提供多种搭建方案和创意玩法，让儿童自由发挥。

（3）交互导向

美国儿童作家艾伦（Ellen）曾在 *Mind in the Making* 一书中指出，天才的儿童都有一个共同的特质——强大的思维能力。儿童主要通过肢体、表情、语言等动作和玩具进行互动，借助多种感觉器官来感知交互信息。现代玩具通过声音、灯光等方式对儿童进行相应的回应，儿童与玩教具间是双向交流的关系，不管是儿童还是玩具都能感应到对方所传达的信息，从而做出反应。学龄前儿童的生理和心理发展都相对独立，他们对事物有强烈的好奇心并且会自主地去探索，与玩具的互动会让他们有新鲜感、亲切感，其中声音、灯光的变化会激发他们想玩的兴趣，这改变了传统玩教具单一的玩法。

友好型玩教具是具备代入感的，可培养孩子的自主性和探索精神。带入性更重要的是让用户产生沉浸感。良好的玩教具能够通过声音、灯光、音效等元素烘托良好的氛围、准确进行提示，操作流畅的交互界面，让用户可以沉浸其中，达到预期的互动效果。一个流畅完整的体验闭环是指在操作过程中不需要别人指导，靠本能意识和恰当的交互提示，完整进行互动体验。在产品设计中，可以使用倾向性语言如 icon 引导用户顺利使用。通过及时的产品反馈让用户更具有代入感。同时，产品应给予孩子一定的自由和空间，让他们能够主动探索和发现。例如，开放性的玩具，如积木、创意手工材料等，可以激发孩子的想象力和创造力，培养他们解决问题的能力。

（4）进阶与发展导向

玩教具不仅仅是一种娱乐工具，更是孩子成长过程中的重要伙伴，在孩子的认知、情感、社交和身体发展等方面都起着积极的推动作用。友好型玩具可以根据孩子的年龄和发展阶段进行进阶导向。对于年幼的孩子，玩教具应该注重感官刺激和基础技能的培养，如对颜色、形状、声音的认知。随着孩子的成长，可以逐渐引入更具挑战性的玩具，如益智玩具、科学实验套装等，以促进其思维能力和创造力的发展。

4.1.3 全龄友好型玩教具的安全性

儿童是玩教具的主要使用者，他们的身心发展尚未成熟，对危险的认知能力和自我保护能力相对较弱。因此，全龄友好型玩教具必须确保在材料、结构和使用方式等方面都符合安全标准，避免儿童在使用过程中受伤或产生其他安全问题。各国和地区都有关于玩教具安全的法律法规，要求玩教具产品必须符合一定的安全标准才能上市销售。玩教具作为面向不同年龄层人群的产品，更应该严格遵守相关法律法规的要求，确保产品的安全性和合规性。玩教具产业有一个庞大的产业链，涉及众多企业和消费者的利益。全龄友好型玩教具作为玩教具产业的重要组成部分，其安全性和质量水平直接影响到整个产业的可持续发展。通过强调安全性，可以推动玩教具产业不断提升产品质量和安全水平，实现经济、社会和环境的协调发展。

（1）材质安全

玩教具的材质安全是保护儿童身心健康、预防意外伤害的重要保障，也是确保儿童在玩耍过程中不受伤害的重要因素，需要得到充分的重视和关注。首先，优质的材料能够保证玩教具的无毒、无害性，从而避免儿童在玩耍过程中误食或接触到有害物质，保护了他们的生命安全和健康。其次，适当的材料选择可以防止玩教具出现锐利的边缘或破损，从而避免划伤、刺伤等意外伤害的发生。此外，一些玩教具可能涉及电气或机械部分，使用安全的材料可以确保这些部分不会对儿童造成电击或夹伤等危险。

安全的玩教具采用无毒、环保的材料制作，如天然橡胶、木材等。这些材料不仅安全，而且有助于减少对环境的影响。多数玩具以合成树脂为基础，可分为热塑性材料和热固性材料两类。运用这种材料可以让玩教具具有很好的稳定性和健康性。木质玩具涉及漆面的，可以选择水漆，不含有毒有害的有机溶剂、不含有害重金属物质、无异味、无污染。

（2）结构安全

儿童通常活泼好动，缺乏自我保护意识，玩教具的结构直接关系到儿童在使用过程中的安全。如果玩教具结构不稳定或存在安全隐患，儿童在使用过程中可能会感到害怕或不安，不利于他们的身心健康。玩教具的部件应牢固可靠，不易脱落或松动。结构安全的玩教具能确保儿童在玩耍过程中不会因为安全问题而中断或限制他们的探索行为。友好的玩教具首先应避免存在可能导致刮伤、刺伤、夹伤风险的锐利边缘和凸出物，同时避免使用有误吞风险的小零件。

针对儿童可能存在的抓握不稳、玩教具容易滑落的问题，可以专门设计防滑抓握部分。为了避免儿童在使用玩教具时受伤，在进行生产和改进时，可以对一些坚硬的部分进行倒角处理，对边角进行圆润处理。例如，儿童帐篷小屋的边角通常会被设计成圆润的形状，减少儿童在玩耍时的碰撞伤害。对于可能涉及儿童安全的玩教具部分，如储物箱、玩具车等，一些产品会设计安全锁扣，确保儿童在玩耍时不会意外打开或触碰到危险部分。对于电动类或机械类玩教具，其结构应确保电源线和机械部件不会暴露在外，以防止儿童触电或被夹伤。同时，玩教具的电池盒也应设计得足够牢固，以防止儿童打开并接触到电池。

（3）年龄分级安全

年龄分级安全有助于促进儿童的发展。不同年龄段的儿童有不同的学习和娱乐需求。不同年龄段的儿童在身体、认知和运动能力等方面存在差异，因此，为他们提供适合其年龄特点的玩教具是确保他们安全、有效玩耍的关键。玩教具的包装或说明书上应标明适合使用该产品的儿童的年龄范围，以及可能存在的安全风险。这样的警示可以帮助家长更好地选择适合孩子的玩教具，并了解如何安全使用。

4.1.4 全龄友好型玩教具的参与性

参与性玩教具设计的核心要素，它确保了不同年龄段的儿童都能积极参与其中，享受玩耍的乐趣并促进其发展。全龄友好型玩教具重点满足儿童和老人的娱乐、教育和健康管理需求，使老人和儿童在日常互动中互帮互助、互相促进、共同获益，因此玩教具应该注重双方的互动和参与。这样的玩教具可使家庭成员共同参与游戏，增强亲子之间的沟通和情感联系。具有参与性的玩教具能够帮助儿童更好地理解游戏规则和玩法，从而提高他们的游戏技能和自信心。例如，积木、拼图等玩教具可以让家长和孩子一起合作完成任务，培养合作精神和沟通能力。

（1）参与者的身份认同

调研得知，有的隔代家庭中祖孙互动的程度不够高，互动地位不平等。友好型玩教具应让用户认可个人价值和个人身份，实现用户对产品情感寄托的诉求。避免因为产品外形、颜色、风格过度偏向满足儿童需求而使老人产生心理落差，让老人在互动时不能够有平等的互动体验。

产品的友好应体现在可以依据用户的个人喜好进行自定义设置，满足用户个性化追求，并根据用户的喜好智能推荐合适的互动任务，以培养用户习惯的养成。通过这种对用户个性的深入理解能让用户感受到个人价值。

（2）全龄用户的参与

人际互动的类型不只是个体与个体之间的互动，还包括群体与群体，群体与其他个体之间的互动，群体之间的和谐互动能提高群体内部的凝聚力。友好型玩教具不仅可以促进祖辈与孙辈之间的互动，同时也能帮助孩子的父母与其他隔代家庭进行互动。由于孩子父母平时忙于工作，和孩子互动的时间较短，因此可以通过玩教具与孩子分享隔代互动生活，从而加强家庭内部的情感联系。

以玩教具为桥梁，亲子共同玩耍不仅可以增进亲子之间的感情，还可以让家长更好地了解孩子的需求和兴趣，提供更有针对性的引导和教育。如亲子厨房玩具，这类玩具通常包括小型的厨房用具、食材模型等，模拟真实的烹饪场景。家长可以和孩子一起准备食材、烹饪食物，让孩子在玩耍中学习烹饪技能，同时也能增进亲子间的沟通与合作。这种互动不仅培养了孩子的生活技能，还让他们感受到与家长共同创造的乐趣。若将互动拓展到家庭全员的参与，孩子的成就感更强，祖辈也能更深刻地理解父母对孩子的教育思想，跟上新的教育理念。

（3）友好的互动

互动性是用户的主要需求，主要分为行为互动和情感互动两种。行为互动方面，因为祖孙两代在认知上有一些差距，通过对互动方式、互动深度、互动体验等维度的评估，来让使用双方通过产品实现互动协作。通常这类产品比较有目的性，比如乐高积木等。情感互动是隔代互动中较为隐性的需求，过去的互动中用户都关注身体上的锻炼，对情感上的互动并没有十分在意。但是随着社会环境的变化，老人逐渐开始注重更高层次的需求。与儿童的互动也不例外，在能够锻炼双方身体的同时，老人希望可以与孩子进行情感上的互动来满足自己的情感需求以及自我实现需求。通过建立老人与孩子的情感连接，来保证双方情感的双向流动。

人的情感系统由本能层、行为层、反思层三个层面组成，人与人互动以及人与产品互动时也会反馈至这三个层面。本能层不受人类本身控制，是人类固有的情绪反应。行为层指的是人类行为中那些可控的方面，在这种情况下，我们下意识地分析所处情况并且制定以目标为导向的策略，从而能够在最短的时间内或是以最少的行动达到效果。反思层是指有意识地思考，对新概念进行学习和对世界进行归纳。对应在产品上，本能层体现在关注产品的外观；行为层体现在使用时的效率，如是否顺手，是否愉悦等；反思层体现在产品的体验感。反思层的态度让用户能够将环境信息合理化并以此影响行为层。以使用智能手环为例，影响用户佩戴智能手环的因素主要有两类：一类是智能手环的功能价值属性，吸引用户去使用——一些用户将智能手环的功能视为刚需功能，新技术提高了其易用性，这个是行为层的反馈形式；另一类，智能手环的额外价值属性吸引用户去使用，因为使用这种高科技产品会增强用户的身份认同，在群体中得到用户想要的标签，这些都是本能层向反思层的价值延伸。依据情感系统的三个层次进行友好设计，可以让产品为用户带来友好情感互动。

（4）互动立场的平等性

老人和儿童都存在独立的人格尊严，互动产品应该让老人与儿童平等地参与互动，不能让任何一方的参与程度过低。传统的不平等的互动立场容易让儿童恃宠而骄，让老人感到疲累。隔代互动教育产品的使用对象是祖辈和孙辈这两个个体，应当同时考虑两者的需求，祖辈应该尊重孙辈的选择，同时也要让孙辈学会尊重他人。现有的很多亲子互动产品只是关注儿童是否开心，而忽略了成年人的需求，但是如果能让老人也感到有趣，那么老人会更加愿意使用产品。在互动过程中，要坚持祖孙之间地位的平等性，要改变以往老人作为陪伴照顾者的角色，让祖孙站在朋友或者同伴的立场进行互动。

要促进双方的互动就要让双方尽可能最大程度地参与到活动中，因此全龄友好型玩教具要兼顾祖孙双方的兴趣偏好以及体能上的差异，避免互动地位的不平等导致老人和儿童产生心理落差，设计师可以选择大多数老人和儿童共同喜欢的活动作为祖孙之间的互动方案来设计产品，同时产品也可以根据用户喜好智能推荐合适的互动任务，这种民主的方式可以改变以往由孙辈来主导选择互动任务的不平等现象。通过坚守祖孙互动立场的平等性，老人不仅能享受照顾孙辈的乐趣，也可以从互动本身获得乐趣，儿童也可以把祖辈当成自己的朋友，感受到来自祖辈的关爱。

4.1.5 全龄友好型玩教具的益智性

玩教活动是具有预设性的，蕴含着促进儿童智力发展，培养儿童良好学习品质与核心素养的可能性。家庭成员使用玩教具的过程中，具有一定的心理预期，在有趣的基础上有价值的产品才会对用户产生不断的吸引力，使双方在互动活动的过程中彼此受益。因此，全龄友好型玩教具在设计时就需要制定一些功能，例如益智、教育、社交、身体锻炼等，不仅要满足娱乐需求，更应具有益智性。

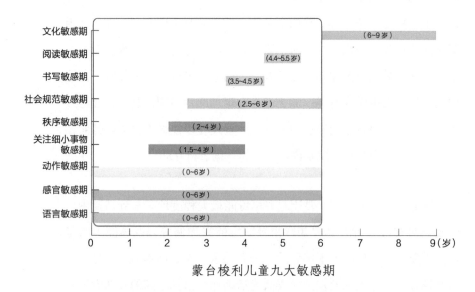

蒙台梭利儿童九大敏感期

（1）对应儿童的"敏感期"

蒙台梭利说过，儿童的一切教育都必须遵循一个原则:帮助孩子身心自然地发展。她指出，儿童成长过程中会出现特定的"敏感期"，在"敏感期"，儿童会在特定方向表现出特别的兴趣和学习能力。因此，玩教具要抓住目标年龄段儿童的敏感期，才能发挥更好的益智作用。

玩教具的设计可以从动作、感官、观察小事物、秩序、社会规范等方面出发。

（2）从认知冲突到认知平衡

家长与儿童在面对同一件玩教具时，其初始理解力是不平衡的。家长不仅有既有经验，还有更强大的认知力和更多获取信息的渠道，而儿童只能理解较少、较简单的图式。当家长的复杂操作被儿童注意到，就形成了"认知冲突"。

皮亚杰的建构主义发展观认为，认知（智力）发展的关键因素是"平衡化"，即认知冲突打破原有认知平衡，随后实现更高层次的平衡。在家庭的亲子互动中，无论是父辈还是祖辈参与玩教活动，家长与儿童一起玩耍便是产生"认知冲突"的有效方式。利用儿童的模仿行为，实现"以小效大"，在这样的互动中儿童学到了新知识，达成了图式的升级，促进了智力发展；通过家长"以大教小"，巩固知识经验，锻炼了自身素质，同时提升成就感。

（3）寓教于乐的吸引力

益智类玩教具可以锻炼儿童的观察力、思维能力、想象力和解决问题的能力。例如，拼图、积木等玩具可以培养儿童的空间认知能力和手眼协调能力；益智游戏和谜题可以挑战儿童的逻辑思维能力和推理能力。这些活动不仅能够促进儿童的大脑发育，还能提高他们的学习能力和创造力。

当玩教具具有一定的教育价值时，它们能够吸引儿童主动参与，并在玩耍中学习。这种寓教于乐的方式使得学习变得更加轻松和有趣，培养了儿童对知识的探索欲望。例如，科学实验玩教具可以让儿童在实践中了解科学原理，数学玩教具可以帮助儿童巩固数学概念。这样的玩教具不仅让学习变得有趣，还能够激发儿童对特定领域的进一步探索。

许多玩教具都需要与他人进行互动和合作，例如棋类游戏、团队建设游戏等。通过参与这些活动，儿童学会了与他人沟通、分享和合作，培养了他们的团队意识和人际交往能力。这对于儿童的情感发展和未来的社会适应至关重要。

广州美术学院张剑教授的团队设计了一款关于中国汉字的游戏卡片。通过汉字中的偏旁部首与汉语拼音首字母结合的方式，使读音与字形相互影响，吸引使用者对汉字产生联想。无论是对儿童还是成年人，都有着不同的教育意义。该产品既可以作为儿童识字阶段的玩教具，也可以引发成年人在这个数字化的时代中，重新回忆那些"熟知"的汉字。

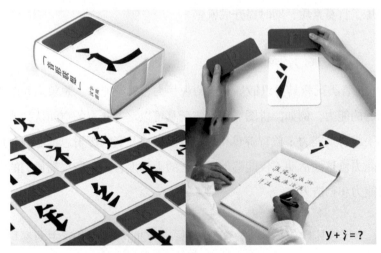

"音形联想"汉字游戏

4.2 / 全龄友好型玩教具的设计要素

任何一项研究工作都不是凭空臆造出来的，面对纷繁复杂的客观因素，必须遵循一定的发展规律，保证工作内容层层递进，顺利完成。玩教具设计研究也是如此，它会牵涉经济、技术、材料、审美、教育、心理等诸多因素，而不是单纯解决技术或者外观的问题，其设计过程往往伴随与产品相关的各式各样的问题。玩教具设计与一般产品设计同样是个严谨的研究过程，但由于主体用户转变为儿童和老人，即社会的弱势群体，该群体与普通成年人有着较大的年龄差距，在生活方式、理解方式上与成年人存在明显差异。因此玩教具产品在具体的设计要素上，存在一定的特殊性。

4.2.1 全龄友好玩教指标

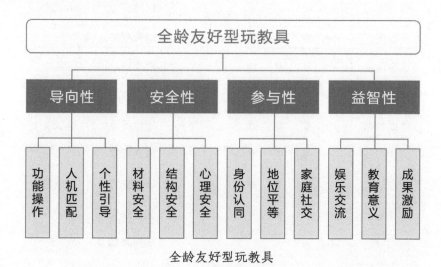

全龄友好型玩教具

为了使全龄友好型玩教具满足使用者的需求，要考虑导向性、安全性、参与性和益智性这四大指标，满足导向性指标需要考虑功能操作、人机匹配、个性引导这三个二级指标，满足安全性指标需要考虑材料安全、结构安全、心理安全这三个二级指标，满足参与性指标需要考虑身份认同、地位平等、家庭社交这三个二级指标，满足益智性指标需要考虑娱乐交流、教育意义、成果激励这三个二级指标。

4.2.2 玩教具设计要素矩阵

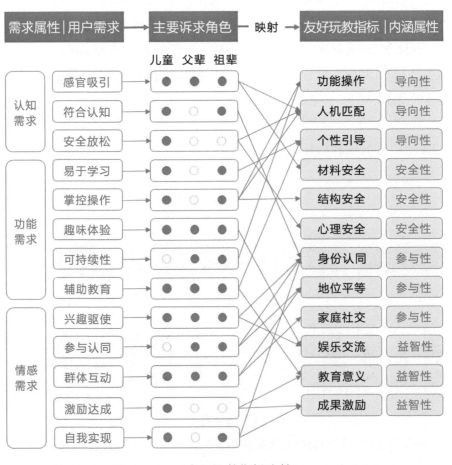

友好玩教指标映射

隔代教育现状以及祖孙各自的发展特征导致了需求的产生，需求需要通过互动行为来满足，而隔代玩教涉及的互动行为方式可以分为三类：祖孙与产品之间的互动、祖辈与孙辈之间的互动、自己与自己之间的互动。在祖孙互动的过程中，应该关注参与者体验层面的需求，依赖三种互动行为产生无形的体验。

用户需求不能直接转化为设计要素，但友好玩教指标的提出为实现用户需求转化提供了出发点。将前文收集的用户需求关联角色进行整理分析，映射到全龄友好型玩教具的内涵，为进一步归纳玩教具设计要素提供了帮助。

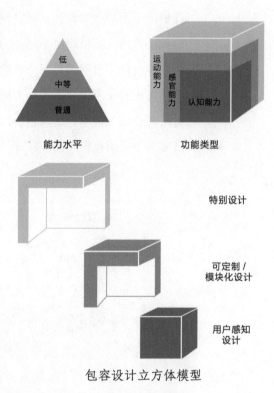

能力水平　　　　　　功能类型

特别设计

可定制 /
模块化设计

用户感知
设计

包容设计立方体模型

不同年龄群体对玩教具的态度并不一致，在评估玩教具设计要素时，凸显了包容性设计对全龄友好型玩教具设计的指导意义。包容性并不是一种全新的设计方法，而是一种通用的设计方法，从服务对象来看，与早期设计仅仅关注老年人群体或者残障弱势群体不同的是，包容性设计认为应与人类的多样性相匹配，从而制定满足不同群体需求的设计策略。正如英国罗杰·科尔曼（Roger Coleman）认为：在整个生命周期中，人的能力和需求都在发生变化，包容性设计应在考虑这些变化的基础上，不受年龄或残障等不利因素的影响，尽量满足大多数客户对改善产品、服务和环境的需求。如包容性设计立方模型所示，人的能力不仅存在普通、中等、低等不同的水平差异，并且具有运动、感官、认知等不同的功能类型，处于不同级别的人，其运动、感官、认知等能力水平具有差异性。如随着年龄的增加，人的视力、听力、认知、运动等水平都在衰退，逐渐成为能力级别较低的老年群体。针对三种不同能力级别，包容性设计提出了用户感知设计、可定制/模块化设计、特别设计三种相关联的设计方法，用以满足不同能力水平群体的需求。不过，有学者认为包容性设计不可能满足每个人的要求，一方面，个体的差异太大，不可能考虑到所有差异；另一方面，要同时满足不同能力群体需求的设计可能会增加成本，所以包容性设计仍然具有理想主义的特性，在设计实践中采用包容性设计带有一定的局限性。

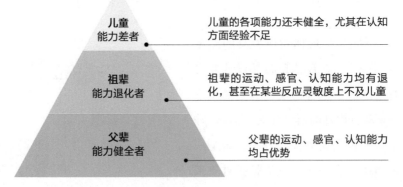

家庭用户金字塔模型

为了实现全龄友好目标，本书梳理了感官、交互、情感三大维度共15个设计要素，形成玩教具需求矩阵。根据成员类别与玩教具设计要素矩阵开展通用设计，是实现玩教具具有代际包容性，可全龄覆盖的关键方法。

玩教具设计要素矩阵

设计维度	设计要素	儿童需求	祖辈需求	父辈需求	设计方法
感官	造型	H	L	M	感知设计
	色彩	H	M	M	感知设计
	材质	H	H	M	感知设计
	包装	M	○	H	感知设计
交互	配件	H	L	M	模块化设计
	交互方式	H	M	L	感知设计
	核心玩法	H	M	M	感知设计
	尺寸	H	M	○	特别设计
	操纵力	H	M	○	特别设计
	安全标准	H	H	○	特别设计
情感	主题内容	H	M	M	感知设计
	引导模块	H	M	L	模块化设计
	个性化模块	H	H	○	定制设计
	符号	H	M	L	感知设计
	文字	M	H	○	特别设计

注：H 表示高需求，M 表示中需求，L 表示低需求，○表示顺应他人需求。

造型、色彩、材质是玩教具的重要感官要素，由于购买产品的用户主要是孩子的父母，因此友好型玩教具应采用包容性设计，以孩子及父母的满意度为先并考虑所有使用者的接受度。玩教具产品一般由儿童挑选，父母购买，因此包装要素在隔代教育过程中影响不大，且老人较少参与选购玩教产品，此设计要素可以偏向迎合儿童及采购者的喜好。

玩教具的配件、交互方式、核心玩法、尺寸及操纵力等要素需要围绕操作者的需求进行设计。在尺寸及操纵力方面，要优先考虑弱势群体的可及性进行特别设计。

情感要素指的是产品要能帮助用户实现自我价值，满足用户精神层次的追求。可以往下细分为主题内容、引导模块、个性化模块、符号和文字等方面。在个性化模块和文字的设计中，需要特别考虑一老一小的使用情景，开辟定制化入口。

4.2.3 友好感官要素

人们通过眼、耳、口、鼻、皮肤产生视觉、听觉、味觉、嗅觉和触觉，这是大脑对客观事实的个别情况反映，也是形成各种复杂心理过程的基础。知觉是对客观事实的感觉和解释，寻求的是现象的整体性，而不是个别情况。感知觉系统实现了人与环境间的交互，感觉到的事实越丰富精准，对事物的知觉也会更完善准确。人们对产品设计的瞬时感受是本能性的，因此产品感官体验需要直接迎合全龄用户的心意，在这个层面的设计应该集中在产品的外观造型、色彩搭配、功能感知等要素上。针对玩教具产品，应加强在视觉、听觉和触觉方面的友好设计，使五官更好地将安全放松的信息反馈给知觉，带来舒适的体验。

眼睛是重要感官之一，是儿童进行色彩认知的媒介，也是老人感知周围环境信息的途径。老人的色彩感知能力弱，儿童对艳丽的色彩容易产生视觉疲劳，因此玩教具的色彩需要平衡好老人与儿童的视觉舒适性。

皮肤对外界的感觉非常敏锐，运用不同触觉和视觉质感的材料，可以带给人们不同的感知体验。触觉能给人最直接、真实的感受，在玩教具材料安全环保的基础上，让老人与儿童在与产品接触时产生多样的触觉感受，从而获得新的认识。

老人与儿童都不能接受长时间处于嘈杂喧闹的环境中，产品不能在使用中产生过大的噪声。可以利用合适的音乐激发儿童的探索欲，使儿童更乐于参与，提高积极性，也有助于老年人缓解大脑疲劳，放松心情。

感官友好还体现在产品功能与材料具有适配性上。如木材具有温和、亲近、耐磨的特性，适合制作经常把玩的互动玩具；磨砂质感的塑料材质在工艺上能够批量生产复杂的造型，也适合互动娱乐产品的要求；金属材质在智能产品上的应用较多，作为主要的外壳材料和点缀材料。

百思童年出品的点读故事机在塑造外形时选取了猴子这一大家熟知的形象。虽是为儿童设计，但在设计上并不幼稚，大人也会被其外形吸引。猴子整体圆润酷炫，表面处理上，一片式墨镜的光泽感加上紫色主题配色让其更像是一个潮玩摆件，迎合了家庭全员的审美。猴子个子小而轻巧，配上同色系背带，背出门可以成为人群中的焦点。产品为无屏设计，点读识别口设在猴子的脚下，外放音质

猴猴听点读故事机

甜美温柔，取名为"猴猴听"，在营销传播上也增添了趣味性。

4.2.4 友好交互要素

玩教具的基础功能之一是让家长与儿童产生有效互动和亲密联系，友好交互要素是全龄友好型玩教具设计的核心。玩教具的玩法一般由大人引导或由儿童自行摸索，配件设置、交互方式、核心玩法都应该覆盖家庭中的全龄用户。

首先，互动主题的建立要符合社会科学发展的需要，符合儿童的身心发展规律并有利于儿童形成优良的品格、健康的行为习惯。同时，有趣的互动主题可以有效地提高家长和孩子的活动参与度，从而有效地完成亲子互动目标。选择积极合理的亲子互动主题，有利于亲子双方的情感沟通与交流，积极向上、合理的互动主题能够促进学龄前儿童身心发展和世界观形成。

其次，玩教方式的感知性和熟悉度起着重要作用。全龄友好型玩教具应尽可能支持在不同用户群体中产生多元玩教场景，老人参与可以正确引导，父母参与获得高阶发展，儿童自学实现开放性突破，构建出全龄通用心理模型。在尺寸、操纵力等人机关系问题上，由于儿童与老人是弱势群体，应该及时引入适幼化设计及适老化设计理念，充分结合老幼双方的生理以及心理特点，考虑其人体尺寸、视觉规律、认知水平、动作特点等，以体现操纵友好。由于儿童与老人的力量较弱，在操纵力的设定上应注意以较弱势者作为参照。在安全方面，产品首先应该符合玩教具安全标准，玩教具安全标准的制定是基于对儿童行为和发育特点的深入研究，以及对玩教具产品潜在危害的全面评估。其次考虑老人、儿童在操作时的不准确性，有必要对玩教具进行限制性设计，强制用户行为符合系统要求。限制性设计并不是阻碍操作，而是出于锻炼用户合理机能的目的，同时避免安全问题的发生。

计客智能四子棋

计客智能四子棋是一款将科技感和艺术性结合的棋类玩具，游戏板为彩虹色，布局为 5 乘 5 的网格，设计大颗粒磁吸棋子，容易定位放置及堆叠。游戏规则简单，但玩法多样。玩具将传统游戏进行了升级，从平面拓展到三维立体，除了在平面上四连算获胜，在空间中的四连也算获胜。四子棋时刻都在考验玩家的推理观察和统筹分析能力，从启蒙到进阶，是适合全年龄段的游戏。在智能技术的加持下，智能四子棋既能在双人游戏中担任裁判，又能在单人模式中担任挑战对手，玩具还有步骤记录、走错提示、赢局提示等功能，在交互细节上处理得很到位。

4.2.5 友好情感要素

情感化设计包含本能水平、行为水平、反思水平设计，本能水平发生在产生思维之前；行为水平包含日常行为活动的部分是感觉功能；反思水平管理着大脑的思考，由此可见友好情感要素是一个复杂设计环节。在考虑情感要素时，不同水平的设计要求是不同的，本能水平最先发生，行为水平侧重行为操作，功能属于可用性，因此当功能得到满足时，用户会产生积极、正面的情感，在该阶段会体验到思维和情感的融合，产生情感共鸣和情感的认同。

人们在各年龄阶段都有较强的情感归属需求，尤其是作为弱势群体的老人与儿童。玩教具设计中，通过营造亲和力、包容性、趣味性、教育性和陪伴感，能够给使用者带来积极正面的情感体验。由于家庭中的幼、中、老在智力水平、心理认知能力等方面存在巨大的差异，玩教具的主题内容、引导模块、符号都应该符合家庭全龄用户认知要求，注重所有人的心理感受，让照料者与儿童可以互为彼此的情感寄托。通过在生活习惯、生活方式和兴趣爱好等方面对家庭共识的深度洞察，可拓展出玩教具更丰富的设计点和创新点。以熟知的方式进行使用，让用户在玩教互动中更得心应手。在细节方面需要针对儿童和老人进行特殊处理，如个性化模块及文字设计，要着重考虑老幼双方的需求，为使用者提供最大便利，带来友好体验。

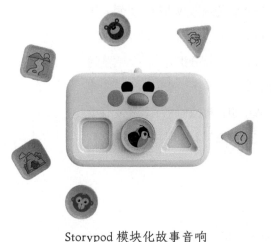

Storypod 模块化故事音响

讲故事是隔代教育中的常见互动环节，Storypod 是一款创新模块化讲故事音响，可为使用者带来一种亲密互动体验。模块化设计可以让用户了解故事的组成部分，不仅使家长可以发挥自己的经验优势，还让儿童在游戏中获得无限的自由。每个 Storybod 故事由三个模块组成：背景、人物和主题。这三个模块分别由正方形模块、圆形模块和三角形模块表示，模块上以简明的图形标示，不同模块的自由组合即可产生一个完整的故事，不用担心"犯错"。产品允许双方利用自己的创造力为故事添加各种场景和动作，在模块中使用形象模式可以帮助儿童更加了解故事。在 Storybod 上排列好形状模块，按下橙色按钮，Storybod 就能播放相应的故事。通过参与故事的组织，祖孙之间建立了交流机会，在温馨的气氛中锻炼儿童的思维及表达能力，促进互动双方的情感交流。

4.3 / 全龄友好型玩教具的设计原则

4.3.1 认知匹配原则

唐纳德・A. 诺曼（Donald A. Norman）的《设计心理学》探讨了设计与人的行为之间的关系。诺曼提出，设计应遵循"认知匹配"原则，即产品或系统的操作方式应与用户的预期和直觉一致。他的"自然匹配"概念强调了产品的设计应符合人类的认知模式，从而降低学习成本，提高产品使用效率。

（1）造型认知匹配

产品造型的确定不仅需要根据产品的功能确定，还要符合用户的喜好与习惯。针对隔代家庭中的老人与儿童，因为互动双方用户的特征与习惯不同，在产品造型方面需要进行平衡。

老年人和孩子的认知能力较成年人弱，在造型方面应该具有功能引导性，以方便用户进行操作，比如在按钮上做适当凸起的外形设计，在抓握部分进行纹理及凹陷的造型设计，这些都可以引导用户。

老人的学习能力减弱，在设计隔代互动娱乐产品造型时应适当保留原有产品样式，通常用户在产品造型方面有思维惯性，对不同类型的产品有固定认知，在设计造型时应在保留产品部分固定样式的基础上适当进行创新，以减少用户体验问题。

（2）色彩认知匹配

友好感官要素中对于儿童吸引力的把控和符合老人的审美是设计时需要平衡的地方之一。对儿童的吸引力可以让隔代双方更好地融入互动活动中。儿童的注意力很弱，极容易被其他事物吸引，所以合理设计产品的色彩可以让儿童在互动产品上投入更多注意力，与此同时，合理的色彩也会提高老人对产品的接受度。

色彩的运用主要体现在两个方面：一方面是不同颜色的产品外观会引发用户不同的情感联想，从而影响用户对产品的第一印象；另一方面是使用界面颜色的选择，不同颜色的界面能够烘托不同的互动氛围。颜色会对情感产生影响并引发联想。

颜色对情感的影响和引发的联想

颜色	情感	联想到的事物
红色	吉祥、喜庆、热烈、奔放、冲动、警示	花、太阳、火焰
橙色	欢喜、明朗、亢奋、温情、急躁	橙子、救生衣、果实
黄色	丰收、成熟、活泼、干燥、光明、喜悦	金子、太阳、小麦

颜色	情感	联想到的事物
绿色	新鲜、和谐、未来、年轻、柔软	自然、生命、植物
蓝色	忠诚、亲切、忧郁、无限、理想	海洋、天空、科技
紫色	浪漫、高尚、神秘、优雅	薰衣草、紫罗兰、茄子
白色	纯洁、神圣、清晰、公正	白云、百合、象牙
黑色	严肃、庄重、刚健、高雅、权力	夜晚、头发

通常在互动产品中需要平衡色彩的选择，经调研，儿童通常喜欢高饱和度的颜色，老人对饱和度低的颜色接受度更高，在隔代互动娱乐产品中使用低饱和度的颜色作为底色，使用高饱和度的颜色作为点缀色，这样的搭配显得平稳中不失活泼，合理地平衡了用户双方的喜好问题。在产品界面设计中，界面颜色应该和互动内容进行合理搭配，符合游戏娱乐氛围，从而达到更好的互动效果。

（3）符号认知匹配

符号是人类认识事物的媒介，符号作为信息载体是实现信息存储和记忆的工具，符号也是表达思想情感的媒介，只有依靠符号的作用人类才能实现知识的传递和相互的交往。

人们的认知会受熟悉的感知框架影响。经验性符号大多是一些人们在日常生活中形成的固定条件反射思维的符号，比如开关的形态与相对应的符号，大家很容易从符号联想到功能，反之亦是如此。多利用经验性符号是增强产品易用性的重要方法之一。应保证在缺少文字说明的情况下，用户仍可以理解功能及使用方法，这里主要是针对老人而言，对于学龄前儿童，他们还没有形成完善的经验体系，采用通识性的经验性符号能够让儿童很快地理解并形成记忆，并举一反三，将其运用在其他产品中。

MITA 智能玩具相机

MITA 智能玩具相机使用醒目的红色表示所有可操作部件，使用简洁的符号替代了专业术语。这可帮助无法理解相机操作，但对摄影有浓厚兴趣的儿童学习摄影。

4.3.2 行为适应原则

（1）交互映射匹配

映射是一个术语，表示两组事物要素之间的关系。示能和意符表示事物本身具备或传达的功能和交互性，而映射则是表示控制器和被控制对象的关系。好的示能和意符设计，可以让映射变得自然。

诺曼在如何设计映射中提到，自然映射设计可以分为三种层次：最佳的映射，控制器分布在被控物体的主体对象上；次佳的映射，控制器与被控对象相对更接近；第三佳的映射，控制器与被控对象在空间中分布一致。这三种层次的映射在体验中的满意度与效率依次递减。如煤气灶的案例，6 个灶头下方有 6 个控制开关，有上下两种不同的排列方法，下边的案例体现出好的映射有多重要。

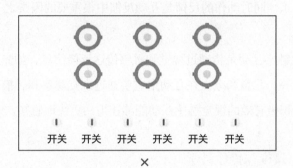

映射的案例

玩教产品中的映射也是关于控制器和被控制对象的关系。产品中有不少控制器，我们称其为控件，例如一个图标按钮、一个下拉列表或者一个滑块，它们都有各自的控制对象。而我们常说的设计满足用户需求，指的就是让用户觉得当他操控控件后得到的结果与反馈在他的预期之中，这就会让其觉得设计是合理的、自然的。利用同型、同色等方法可以提升控制器和控制对象的相关性。

隔代玩教互动主要体现为声音互动、动作行为互动、视觉触感互动。学龄前儿童在还没有熟练掌握文字的情况下通过声音可以很好地进行互动，通过声音让孩子在愉悦的互动中提升语言能力。同时产品发出的声音也会提供一个良好的互动氛围。

动作行为互动会吸引孩子的注意力，让老人能够更好地和孩子进行互动娱乐，同时动作的反馈是互动反馈中很重要的因素之一。

视觉触感互动是指通过视觉和触感传达反馈信息，如光影效果、触感变化等。儿童和老人在互动中主要通过视觉观察和触摸来感受变化，所以积极有效的视觉触感互动能够让用户更快地感知。

（2）尺度与操作科学

在物理尺度方面，玩教具的大小、材质、游戏类型等物理特征应符合人体工程学的特点。在注重安全性的前提下，鼓励为儿童提供不同难度的玩法，同时也便于家长介入进行教育示范和操作把控。在产品配置方面，宜提供组合式、模块化、多样性的玩具配件，鼓励儿童自我构建玩具，以实现儿童的个性化表达与自我认同。同时，应提高玩教具的可达性和可供性，进而消耗非主动注意力，以达到提升专注力的效果。

产品操作步骤的多少直接影响用户在学习使用时的使用黏度，老人与儿童的学习接受能力有一些不足，产品的操作步骤过多会导致老人在使用时力有余而心不足，对于儿童而言步骤过多会让其直接放弃使用该产品，减少操作步骤让互动产品的门槛降低，是提高友好度和包容性的第一步，也是设计中的关键一步。

4.3.3 情感化原则

将情感要素融入产品中，满足隔代双方的情感发展需求，比如互动中游戏机制的设置，用户双方合作闯关，其间经历失败，最终经过合作顺利闯关成功，以此让用户感受到成就感，互相分享喜悦，促进情感互动。

（1）从互动到融合

代际融合的情感属性应用在玩教具设计上，通常包括愉悦感、亲密感、依赖感等方面。在前期的调研中，大多数老人都对带孙生活表示满意，并表示虽然辛苦却乐在其中。在使用不同玩教具的过程中，祖孙可通过动作、姿势、语言、表情等丰富的互动获得信任感、亲密感，同时获得愉悦感、轻松感等，从而实现祖孙间情感的交流与互动。

在设计全龄友好型玩教具时可以充分利用代际互助的特性让用户在使用产品时能够有更好的用户体验。代际互助是指隔代双方利用自身特点进行互补互助，形成利益协调。比如在使用智能产品时，老人理解能力下降，在学习使用过程中会遇到各种困难，而儿童的理解能力、学习能力很强，可以帮助老人很快地学习产品使用方法。但是儿童的自控力较低，会出现沉迷游戏的情况，这时候老人会根据情况对娱乐时间进行控制。在设计互动产品时需要考虑到代际互助的情况，给予双方互助的空间，让隔代双方都能感受到自己的价值所在，将隔代关系中的优点放大，产生该有的价值。

（2）用户价值赋能

老人有丰富的生活经验和知识储备，这些经验和知识是可以传给下一代的宝贵财富。但是，由于隔代之间认知能力的差距较大，儿童不能直接理解祖辈传授的知识，需要通过转化媒介帮助孩子理解。在这个转化过程中，祖辈需要思考如何表达，儿童会更容易理解，在这个过程中，既锻炼了老人的思维能力，也让儿童在不断理解的过程中使能力得到提升。同时这样的互动会避免祖辈无法融入儿童与产品互动的尴尬局面，让祖辈在互动中掌握互动节奏的主动权，得到更好的互动体验，在让儿童得到成长的同时，也能满足祖辈的自我实现需求。

在玩教互动中，另外一种价值体现指在互动之后能够输出实质性产物。如在合作涂鸦活动后，祖孙即可得到一张有意义的隔代亲子画作。双方在互动时积累的情感会保存在产出物中。这样的形式是对本次互动娱乐的奖励，也能促进互动频率的增加。产出物也会随着时间的推移变得更有意义。在调研时发现老年人在隔代互动时处于弱势一方，在互动时不能确定是否可以带给孩子快乐，祖辈无法得到肯定反馈，通过互动产物输出的形式可以在侧面体现互动质量，给予互动双方正向反馈。

第 5 章

/ 全龄友好型玩教具设计策略

　　设计本身的目标导向是物，是产品，但其服务目标是人，所以作为服务目标的人对设计起着主导作用。全龄友好思维应当立足现实生活中的人，以人的尺度决定设计方向。玩教具的使用对象主要为孩子和家长。全龄友好型玩教具旨在满足情感交流，建立良好亲子关系，提高孩子的认知水平。根据玩教具设计要素矩阵，在设计全龄友好型玩教具的过程中需要重点考虑显性感官、显性功能及隐性情感要素。基于玩教具侧重的友好要素开展通用设计，总结出全龄友好型玩教具的设计策略，以实现代际包容全龄覆盖。

5.1 / 辅助引导型设计

　　辅助引导型设计是一种以用户为中心的设计方法，旨在通过提供额外的信息、指导和支持，帮助用户更轻松、更高效地与产品进行交互，其在玩具的功能设计中扮演着重要的角色。辅助引导型设计的核心是深入了解用户的需求、期望和行为模式。设计师需要研究用户在使用产品时可能遇到的问题和挑战，并根据这些洞察来设计相应的辅助和引导元素。这些元素可以是实体的显控部件，包括标识、说明、图示、触觉反馈等界面元素，它们的目的是帮助用户更好地理解产品的功能和操作方法。

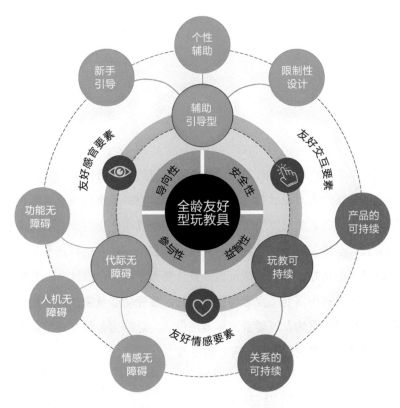

全龄友好型玩教具设计模型

辅助引导型设计的重要性在于它能够提高产品的易用性，改善用户体验。当用户在使用产品时能提供及时且清晰的引导，使用户轻松使用并顺利完成任务，减少了错误和困惑的发生。这不仅能提高用户的满意度，还能增加产品的竞争力。此外，辅助引导型设计还可以帮助用户发现产品的潜在功能和特点，从而提升产品的使用价值。

家长在与孩子玩耍的过程中起到引导的作用，可以引导孩子去玩玩具或者引导孩子学会动手和思考，促进孩子与家长之间的交流。在隔代用户中，老年用户的优势是有丰富的生活经验，儿童用户的优势是有较强的学习能力，在使用产品的过程中双方的优势可以形成互补，在设计中将互动与现代科技结合，能有效地借助祖孙双方的优势来提升产品的易用性。

在实施辅助引导型设计时，需要注意一些关键因素。首先，引导信息应该简洁明了，易于理解和记忆，避免过于复杂或烦琐的说明。其次，辅助元素的设计应该符合人体工程学原理，以便用户能够自然而然地获取信息并进行操作。此外，设计师还需要考虑不同用户群体的需求和能力差异，确保设计的通用性和包容性。

5.1.1 新手引导：激发参与吸引力

一件新玩教具对儿童来说具有自然的感官吸引力，但真正玩起来则需要监护人的指引。家长面对玩教具时，总想寻求最简单的玩法，产品配备的使用说明书往往形同虚设。因此，友好型玩教具对于隔代用户而言要易于理解、易于学习和易于操作。如果产品使用难度较高，形式过于烦琐复杂，导致用户很难学会使用，势必会加重用户使用产品的心理负担，容易造成用户心理情感上的挫败感，不利于祖孙的情感互动。产品的各项功能名称、提示信息等内容应当简洁明晰，没有歧义，要充分考虑普通隔代用户的接受水平。必要时还可添加说明书或电子帮助文档，帮助用户理解和使用产品。

操作方式要符合日常产品的使用原则，减少使用产品的学习成本，降低互动产品的操作门槛。互动产品的操作方式可以是功能按键控制、交互屏控制、手机 App 控制、语音控制，以及其他体感交互式控制，其中功能按键可以通过文字与图标相结合的形式来增强产品易用度。在图标的设计中合理利用经验性符号，用户能很容易地从符号联想到图标功能。此外，由于老人的视力逐渐衰退，文字和图标的大小不宜过小，如有需要可以添加调节文字大小的功能。语音控制是能帮助用户快速理解和使用产品的有效手段，在用户无法理解或者难以操作时通过语音唤醒智能助手帮助用户解决难题。在实际应用中可以多种操作方式相结合从而避免单种操作方式的缺陷和误操作。

5.1.2 个性辅助：增强玩教自由度

在产品使用初期，用户处于摸索阶段，需要较多的辅助引导。这是因为他们对产品的功能和操作还不够熟悉，可能会遇到各种问题和困惑。在这个阶段，辅助引导型设计可以帮助用户快速了解产品的基本特性和使用方法，减少学习成本和挫折感。

辅助引导型设计可以通过多种方式来实现，例如提供详细的使用手册、在线教程、视频演示等。这些资源可以帮助用户系统地学习产品的功能和操作流程，让他们能够更好地掌握产品的使用技巧。此外，在产品界面上，可以设置直观的图标、提示信息和操作指南，引导用户进行正确的操作。对于一些复杂的产品，还可以采用逐步引导的方式。例如，在软件安装或设置过程中，通过步骤式的向导界面，引导用户完成各个环节的操作，避免用户出错。这种逐步引导的设计可以让用户轻松学会使用产品。

辅助引导型设计应该考虑到用户的个性化需求。不同用户对辅助引导的接受程度和需求可能不同，因此设计应该具有一定的灵活性，允许用户根据自己的喜好和能力来选择是否接受辅助引导。

辅助引导型设计也应该具有可持续性。随着用户对产品熟悉程度的增加，辅助元素可以逐渐减少或变得更加隐蔽，以避免对用户造成干扰。同时，设计团队应该持续收集用户的反馈，以便对辅助引导进行优化和改进。

如计客超级井字棋，是一款突破想象的三合一游戏盒子。产品由触屏主机和棋盘组成，具备智能对战模式，也有单人畅玩模式。入门非常简单，可快速上手。低龄儿童可以玩记忆力锻炼游戏——记忆快闪，按光圈出现顺序消除残影，锻炼专注力；大一点的儿童就可以玩经典的井字棋游戏，屏幕仅保留最新六子，要记住每一步才能赢到最后。产品

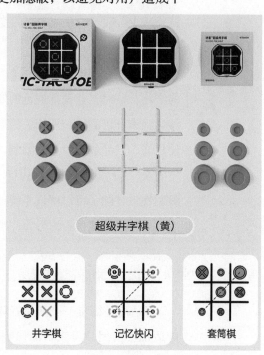

计客超级井字棋

还提供"套筒棋"玩法——即使没电了，仍然可以开展游戏。结构设计巧妙的井字棋，是传统井字棋的升级玩法，大吃小，三子连线即获胜，十分过瘾。整个玩具非常小巧，出门可方便携带。超级井字棋的特别之处在于其适应性和多样性。它不受年龄限制，无论是孩子还是成年人，都可以轻松享受游戏的乐趣。该产品支持 1~4 人自由组合，开盒即玩，各得其乐。

5.1.3 限制性设计：规范互动行为

由于儿童年纪小、心智不成熟，在使用玩教具的过程中容易养成不好的行为习惯或沉溺于虚拟的网络世界。因此，需要通过限制性设计来减少玩教具给儿童带来的伤害及不良影响。

限制性设计并非全新的设计理论，它是建立在众多学科基础之上的产物，是对工业设计理论的发展和补充。广义的限制性设计是指能够达到设计目的的一切相关约束条件；而狭义的限制性设计则是指对使用者、产品或环境加以限制，并引导人的合理行为，以达到使系统"安全""合理""高效"地运行。从限制性设计的定义中可以了解到，限制性设计除了可以保证系统"安全、合理、高效"地运行以外，还能引导、规范使用者的行为，减少操作失误的发生。

（1）控制舒适度的方法

舒适度是衡量一个产品好坏的重要因素，但是过于舒适或过于不舒适都会给用户带来负面影响。比如，过于舒适的座椅会使儿童完全放松，随着时间的推移不仅学习效率会降低，而且由于儿童的骨

骼、脊椎等发育不成熟，过于放松的坐姿对儿童的体形和姿态有不良
影响；不舒适的座椅则可能会造成儿童书写姿势不当、眼睛与书本距
离过近等坏习惯。另外由于人是动态的，当同一个坐姿保持一段时间
后，便会调整身体达到再次舒适的状态，尤其对儿童来说更是如此。

（2）设置预设用途的方法

预设用途是指产品可以被用作某种途径
的一种基本性能，同时预设用途也是实现儿
童产品限制性设计导向的重要途径。如切切
乐玩教具，依据真实的果蔬结构分块设计，
引导儿童顺应玩教具的纹理和接缝，完成剥
皮、切块动作，锻炼儿童的手部力量和精细
动作能力。产品的预设用途在很大程度上是

切切乐玩教具

由人文特征决定的。这些人文特征从心理上对儿童进行约束，让他们
按照既定的认知去使用产品，从而达到限制目的。预设用途是限制性
设计引导儿童做出合理行为的有效手段，主要实现方式包括外形相
似性、造型的内在联系以及产品颜色等。

（3）有针对性设置障碍的方法

有针对性设置障碍就是强制性地使儿童行为符合系统要求，主要
是针对安全性有较高要求或容易发生操作失误的产品。由于儿童的心
智和体力相较于成年人有很大差异，因此有针对性地对玩教具设置障
碍是非常有必要的。具体可以通过以下手段实现。

①增加操作难度。是指可以通过控制操作复杂度、操作精度、操作

力度等实现。例如，儿童安全插座的设计，正常情况下普通的插座插入插头后便可通电，但是儿童安全插座是将插头插入后旋转45°才可通电，并且通电后插头自锁，目的是防止插头脱落且保证儿童不会触电。

② 功能障碍。在产品上添加相关障碍因素，例如密码锁的设计。

③隐藏关键部分。儿童接触到该类设计时，无法从产品表面获知正确的操作方法，在错误的操作下机器会被锁定。

④不提供反馈信息。儿童在接触产品时，产品不提供反馈信息，从而降低儿童对产品产生的好奇心，避免进一步接触。

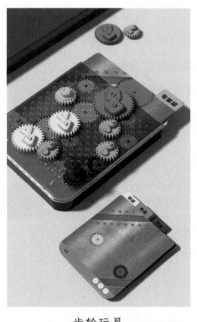

齿轮玩具

此外，障碍的设置不一定是阻碍儿童操作，还有可能是出于锻炼用户能力的目的。多数的构建类玩具是利用限制性设计引导儿童正确拼装模块，让玩乐更有趣，增强儿童的成就感。例如齿轮玩具就是通过设置拼装障碍引导儿童思考齿轮连接的方式，最终实现转动一个齿轮就可以带动全盘齿轮，达成齿轮的联动，进而锻炼儿童的动手能力和空间想象能力。

在产品界面交互的设计中也有限制性设计。如"嘟嘟数学"中的数字拼图任务，需要儿童将数字块放入相应的位置。儿童只需要拖拽数字移动到正确位置即可，实际上也是锻炼儿童对数字顺序的认知能力。如果安放位置不对，数字会自动回到原位；安放位置正确数字则会顺利落下，并触发惊喜音效。儿童的操作精准性和控制性还比较差，要允许儿童犯错，但要避免让他们产生挫败感。

嘟嘟数学

（4）设置破坏性结构的方法

设置破坏性结构是为了防止玩教具在不良状态下运行或被重复使用，避免儿童发生危险。破坏性结构发挥效用必须满足以下两点：第一，当破坏性结构设置发生作用后，儿童产品应该丧失关键功能；第二，装置被破坏后，结构发生不可逆转的改变。在不丧失关键功能的情况下，结构不可逆转的改变是没有意义的；而关键功能丧失，结构没有发生任何改变时，一旦关键功能恢复，限制性设计的约束作用将无法实现。所以，只有同时满足以上两点，玩教具的破坏性结构才会发生作用。

5.2 / 代际无障碍设计

隔代教育家庭环境包含"祖辈""父辈"及"孙辈",存在多种代际关系,是代际融合研究的优选对象。祖孙代际融合是指祖辈与孙辈在日常互动过程中互帮互助、互相促进、共同获益的一种积极依存状态,该状态强调祖孙双方对彼此在身体健康、情绪认知等方面带来的积极作用。隔代亲子产品是祖孙互动的直接工具,是其互通、互补、互助的重要桥梁。隔代教育家庭中,祖孙之间由于接触时间长、相处机会多,呈现出生活空间的重叠性、社交活动的交叉性以及家庭资源的共享性等代际依存特征。产品设计在"社会关怀"中一直扮演着指导者的角色,通过产品搭建桥梁,排除代际障碍,隔代双方都能从"人–物–人"的互动关系中获得价值。

无障碍设计最早作为一种为残障人士和老年人提供安全和便利的设计思想,其理念强调在建筑环境、道路交通、设施设备等的规划设计中充分考虑特殊群体的需求,通过专门的设计消除这些群体在移动、交流和操作中存在的"障碍"。无障碍设计的初衷是帮助特殊群体更好地回归和参与社会生活。在当前隔代教育的背景下,基于祖孙这一特殊亲子关系,以物为媒介发挥代际积极价值,是产品人性化发展的新方向。代际无障碍即清除祖辈与孙辈之间行为、情感的交互障碍,综合考虑儿童与老人的行为互动、意识与动作反应,尽量为双方提供最大便利。代际无障碍设计致力于优化一切隔代关系中所用的物与所处的环境,通过设计来消除使用者感到困惑、困难的"障碍",提升儿童与老人的产品体验。

隔代教育中祖孙的需求既有关联又有矛盾,这正是代际无障碍设计的切入点，祖孙的共有需求为产品设计提供机会。以儿童用品为研究对象，代际无障碍设计的关键思路是平衡祖孙的差异化需求，在初步设计时以儿童为中心思考产品概念，而涉及辅助与操作层的设计时需要及时转换思维将老人作为用户进行考虑，有意识地注入通用设计、包容性设计理念，将老年用户的需求从特殊化需求转化为产品的一般性功能需求。

5.2.1 功能无障碍：提升利用率

学龄前儿童对工具的掌握还在学习中，因此在功能设计上以安全、可靠为核心，保证功能可以实现；在形式和设计上注意体现引导训练；可以考虑产品功能的可持续性设计，但不主张过多功能的叠加。统筹祖孙的实际需求，针对设计类型，实现功能融合。

（1）以适老化设计为切入点的设计改良

单向功能属性是指从某一方的需求出发进行产品的功能构建。当前市场上不乏功能、外观、销量都相对优质的亲子产品，但在设计时忽略了老年用户的特征和需求，使用过程中存在祖辈参与感低、体验感差等不足。针对这类只具备单向功能的产品，仅需要在原基础上进行适老化的设计改良，扬长避短，就能发挥更大的产品价值。

大量儿童产品的操作主体实际上是看护人。老人的记忆力减退，学习能力偏弱，在设计产品时应尽可能降低学习成本，产品的功能操作便捷，步骤不宜多于 3 步。通常用户在操作产品方面有思维惯性，对不同类型的产品存在固定认知。在设计时应多利用经验性符号，让用户能够轻松地理解产品属性和功能特点，减少操作障碍。

（2）以双向功能实现为目标的需求挖掘

具有双向功能属性的隔代亲子产品能较大程度地兼顾祖孙双方的共同需求。双方在产品使用中通过互助、互补等途径获得共同受益的效果，从而建立祖孙间的良性互动。一方面满足儿童不同年龄段生理和认知方面的发展需求，另一方面也满足老年人的身体锻炼、自我价值实现需求等。因此，处理好玩教具的功能无障碍，需深入研究祖孙用户的真实多元需求，善于切换视角协调产品的功能设计。

祖孙在相处过程中各自扮演的角色及所处的生活场景都具有多样化的特征。以其生活轨迹为依据，可将生活场景细分为客厅场景、社区活动场景、商场场景等，祖孙在其中进行不同的日常活动，对应不同的角色和职责。从不同场景下双方的职责出发，可汲取具备实用性的产品开发灵感。

智能科技的植入让儿童玩教具不断升级，对老人来说，新式产品交互应与传统产品操作有映射关系，并具备一定的可视性和提醒功能，这样才能更好地起到引导的作用，解除老人的认知困难。例如，儿童餐具是隔代教育家庭中的重要用品，学龄前儿童正经历从家长喂食到自己主动进食的过渡阶段，可以通过餐具来吸引儿童的注意力并引导其自主进食。

SKULD 智能恒温碗把外观设计为小鹿主题，为孩子打造了一个友好的进餐玩伴，使儿童对吃饭产生兴趣；两侧的鹿角手柄设计，既可爱又形象，能够很好地引导儿童抓握；在功能上把控适口的 45℃饭菜温度，解决了孩子吃饭时间长导致饭菜变凉的问题，碗底的防滑设计使碗不易被打翻，在保证安全进食的情况下提升了儿童的学习能力。对老人而言，功能设计主要考虑了产品的包容度，在认知层实现了对恒温碗的有效理解，在行为层简化了喂食的过程。SKULD 以电加热方式代替了传统注水加热方式，让细化的功能模糊化，只设置一键开关，直观又方便；

SKULD 智能恒温碗

独特的底座设计使收纳与充电二合一，一放即充，一拿即用；温度显示数字大，一目了然，不用反复试温；有及时的提示与反馈，提供撤销功能，有利于避免因老人的误操作带来的问题；设置了"过热提醒"图标，对于潜在的不安全因素进行预防；防水功能使产品可以全身水洗，清洗环节与平时洗普通碗一样让人省心，减轻老人操作时的心理压力。

5.2.2 人机无障碍：平衡互动

儿童的生理机能处于快速发展与健全的过程中。以儿童为主用户的产品，首先应该充分结合儿童的生理以及心理特点，考虑儿童的人体尺寸、视觉规律、动作特点等方面，做到物以适用，增强儿童对产品的认同感。

（1）基于感知觉系统的设计策略

通过玩教具的外形、色彩、材质设计，触发儿童感知，提高其精细运动能力。玩教具的色彩需要吸引人但不过分亮丽，使老人在视觉上感到舒适，在色彩的数量上适度选择，最好具有过渡性和调和性，以增强儿童对色彩关系的认知。在元素选择与应用上，具象化图形更贴近生活、鲜明生动且具备可识别性。要为玩教具塑造具有吸引力的外观，造型圆润饱满，避免棱角；可以引入受广大用户喜爱的形象装饰，挖掘具有情怀或时代感的设计元素，增强用户的认同感。

在玩教具材料安全环保的基础上，让老人与儿童在与产品接触时产生多样的触觉感受，形成各种新的认识。可触摸的部位尽量使用柔和轻便的材料，避免使用冰冷生硬的材质，以增强产品的舒适性，提升触觉体验，使产品有更高的亲和度。

若玩教具有声光功能，应设置在儿童及老人感受性最好的范围内。合适的音乐可以激发儿童的探索欲，比如在玩教具中安装感应器，在使用玩教具时可发出不同低音频的音乐，不仅可以缓解心理情绪，还能提高使用者的听觉感知能力，产生积极作用。

（2）基于运动系统的设计策略

在玩教具的设计中，其结构和尺寸应该在满足儿童需求并且兼顾老人需求的基础上进行设计，从而保证老人可以参与到互动过程中。需看护者辅助的细节，如端取、观察、清洁等活动由老人主导，需要结合其特点做好通用设计，如产品的便携式设计及材料的轻量化设计可以减轻老年人操作时的肢体压力。老人感知能力的弱化主要表现在视觉和听觉的退化，以及行动力的减缓，应尽可能关注到玩教具的操作方式、尺度、位置设计，提高友好度，增强包容性。例如产品是否有合适的位置供老人端握，产品标识是否足够让老人看清，精细操作区是否够大能包容老人动作的不稳定性。

老人参与互动较多的产品如婴儿推车、运动设施等，需要确定产品使用双方的基本尺寸并结合使用场景进行产品设计，其操作方式、尺度应更具针对性、舒适性和易用性。在符合老人与儿童的行为特征和生理尺度下提供安全、舒适的产品尺寸。从人机数据上看，不管是身形还是力量方面，老人都是儿童的数倍，因此在设计时不仅仅考虑到亲子双方静态使用的人机尺寸，还要考虑到亲子双方的互动过程，尽可能满足双方的使用习惯和动态尺寸。可以用不同的形态和醒目的色彩来区分不同的功能，更直观地提示用户如何操控产品、参与游戏。亲子互动产品的形态应设计为一大一小，符合亲子双方使用的人机操作环境，这样才能满足亲子双方的使用需求，激发双方的互动欲望，获得使用乐趣。

由 Yihao Tsai 等设计的 Bath Pouch 婴儿浴盆将宝宝洗浴、干身、安抚的过程连贯起来，整个浴盆产品包含一个可折叠的浴袋和一个能保护看护者免受水淋湿的可穿戴毛巾。设计团队用动态摄影的方式来记录宝宝洗澡时需要的洗浴空间，以此为依据设计浴盆的形状。对身处浴盆中的宝宝来说，内部的结构需要适应婴儿的需求，展开后的浴袋宽度及深度合理，仿子宫设计以包围感让宝宝感到安全舒适；围裙式毛巾可以在洗浴完后及时地帮宝宝擦干身上的水，将其包裹起来避免受凉。而浴盆外部结构直接影响看护者的动作姿势，考虑到给宝宝洗澡时常常坐在一个很低的凳子上，长时间这样坐着会对看护者的膝盖、后背等部位造成一定的伤害，因此 Bath Pouch 特别做了高脚凳设计，在浴盆下方留出空间，为看护者提供了合适的高度。浴盆的其他结构部分遵循通用设计原则，方便看护者倒水和存放，洗浴完成后只需要拧开浴盆底部的挡水部件，就可轻松倒掉洗澡水，并将浴盆折叠存放，节省空间。

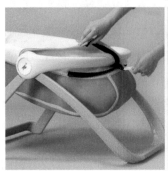

Bath Pouch 婴儿浴盆

5.2.3 情感无障碍：增进交流

多数老人和儿童都缺乏安全感和归属感，孤独使得他们对爱与被爱有着强烈的依赖。儿童正处于初步形成一定性格特征的阶段，具有更加强烈的自我意识，对陪伴和交往有着更加迫切的诉求。

（1）代际兴趣的情感调和

玩教具是祖孙交流的媒介，如果单纯从孩子的角度考虑情感化设计，往往都会忽视祖辈的情感需求。儿童产品的色彩鲜艳，过于夸张的卡通化表达会使老年用户很难进入互动角色。老年人作为儿童产品的间接用户，应适时地考虑到老年人群的审美喜好和认知特点，避免因为产品外形、颜色、风格过度偏向儿童需求而使老年人产生心理落差。在形式上，可以将具有情怀或时代感的设计元素融入产品中，唤起老年人对曾经记忆的共鸣，并且能对儿童的成长产生积极影响。

在隔代教育家庭中，祖孙的朝夕相处促使他们养成了趋于稳定的生活习惯，在祖辈潜移默化的影响下，孙辈也很容易找到与祖辈共同的兴趣爱好。如门球运动玩具将老年人熟悉的运动"门球"引入儿童群体中。门球是在平地或草坪上，用木槌击打球穿过门洞的一种室外球类游戏，又称槌球。它

KABI 门球套装

具有场地小、所用器材简单、技术运作易学易练、运动量小而安全的特点。门球是高尔夫球与撞球的结合，不但规则简单、轻松有趣，而且可以锻炼脑力、促进身心健康，是老少皆宜的运动。KABI 门球套装是一款针对三岁以上儿童设计的门球运动玩具，全木质组件，无毒、无刺激性气味。产品做了童趣化设计，颜色鲜艳，元素可爱。同时保留了老人熟悉的经典玩法，即在规定的时间内，将球击入球洞内，次数越多，得分越高。如果还有其他奇思妙想，也可以自行升级它的玩法。门球运动玩具能培养儿童对事物的专注力，在挥杆进球的那一瞬间，不但体验到了成功的喜悦，也在无形中锻炼了儿童的专注能力和视觉追踪能力，训练了动手、动脑以及手眼协调能力。门球玩具拉近了祖孙的距离，增加彼此的互动，让孩子对家长产生更强的信任感，从而达到在玩乐中教育孩子的效果。

（2）互动体验的情感共鸣

互动是人与人之间的交流或人与物之间的交流。在玩教具的设计中，应充分借助物品的桥梁作用让祖孙双方都感受到情感互动，促进

积极情感的产生。一方面，引导儿童在玩教过程中逐步产生兴趣和想象，进而激发持续性的游戏参与体验；另一方面，鼓励老人从传统的照顾者、陪伴者的角色中解放出来，让老人能投入到互动中去，在与儿童进行亲密活动时内心的情感也得到释放。

可以对老人熟知的方式进行改造，让老人在隔代教育的过程中更得心应手。将具有亲和力、趣味性、人性化与情感化的设计融入玩教具之中，加深老人与儿童面对面交流的情感。通过增加产品的情趣，激发老人与儿童的好奇心，唤起情感共鸣。通过设置情境互动环节，如设定协作式互动环节或扮演式游戏机制，来为隔代亲子创造交往的话题与机会。在这个过程中，老人与儿童达到情感的相互感染，在活动中便完成了情感交流。

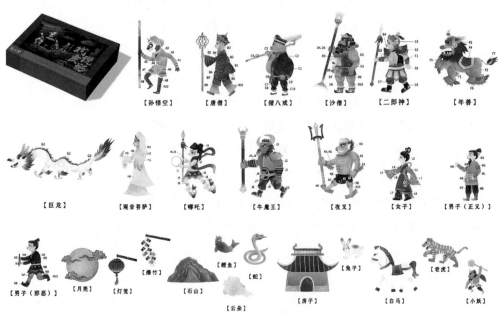

戏说皮影

5.3 / 玩教可持续设计

可持续设计在当今设计领域中占有重要地位，成为产品设计中的必要考虑因素。2015 年，联合国可持续发展峰会正式通过《2030 年可持续发展议程》，这一议程涵盖了 17 项可持续发展目标。在联合国提出的 17 项目标中，"负责任消费和生产"与低龄儿童产品开发具有一定的关联性，该目标指出：自 20 世纪以来，经济和社会进步伴随着环境退化，而环境退化正威胁着我们未来发展所依赖的各种系统，实际上我们的生存也依赖这些系统。可持续消费和生产意味着用更少的资源做更多、更好的事，也意味着消除经济增长与环境退化之间的关联，提高资源利用率，促进可持续生活。同时可持续消费和生产还将有助于减缓贫困，向低碳和绿色经济过渡。而一大部分低龄儿童产品都具有快消性的特征，且安全指数、卫生指数尤为重要，若"不负责任"的消费占到一定比例，则会加剧产品的浪费以及资源的过度消耗，生产资料的减少将可能引起生产过程中的水准失衡，从而造成部分产品质量不达标却顺利投入市场的现象。同样，若进行"不负责任"的生产，儿童产品的"安全性"得不到保证，市面上劣质产品比例增高、使用周期缩短，产品的更替以及浪费的情况仍会加剧，从而形成恶性循环。

《中国儿童发展纲要（2021—2030 年）》指出，当前社会需要不断扩大儿童福利和保护范围，加强儿童生态环保意识，帮助儿童培养绿色低碳的生活习惯，同时提高社会服务的水平，创造友好的社会环境。这不仅体现出社会对儿童产品的高质量要求，还体现了对符合社会发展的创新型儿童产品的要求。我国在 2021 年进一步优化了生育政策，推行一对夫妻可生育三个子女及配套支持政策。

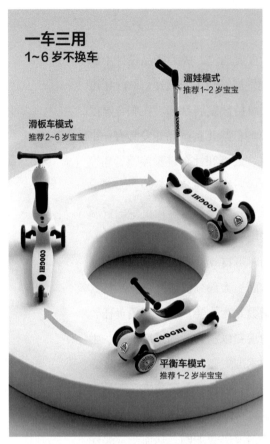

一车三用
1~6岁不换车

遛娃模式
推荐1~2岁宝宝

滑板车模式
推荐2~6岁宝宝

平衡车模式
推荐1~2岁半宝宝

COOGHI

酷骑三合一童车

因此，如何在进行资源的合理化分配、为儿童打造良好生活环境的同时进一步注重和完善可持续发展都需要进一步研究和探索。

5.3.1 产品可持续：实现跨龄兼容

（1）家庭中实现循环利用

可持续设计不一定是单个的可循环、可降解的产品，也可以是一系列产品。随着孩子年龄的增长，不必丢弃那些承载回忆但"不适用"的东西。低龄儿童产品大多使用时限较短，使产品在使用周期结束后依然发挥作用是可持续设计的目标之一。友好型玩教具应与家庭成员产生联动，在家庭内部实现循环利用，构建一个可持续的零件网络。将可持续设计纳入规范化的循环生产系统，从家庭自身消耗的生产生活用品中实现循环利用，不失为一种创新的可持续方式。

如陪伴儿童成长的三合一多功能组合型童车，可以根据不同儿童年龄段切换不同的玩法，极大地延长了产品的使用寿命。童车具有快速拆卸的优点，不需要拆装工具，老幼都能轻松操作，快速实现在学步车与滑板车之间的功能切换。它不仅适用于不同年龄阶段的儿童，并且在玩法上也提供了更多的选择。从社会价值的角度来看，这使得它极具市场竞争力。而在造型设计上，明艳又富有亲和力的圆润外观能更加吸引儿童的注意力。全车身无尖角设计，亲肤安全无异味，智能重力转向，使儿童能够轻松驾驭。

（2）可持续产品关联

DIY 组装摇摇马的设计案例，运用模块的不同组合方式，使单一零部件相互重组后形成新的产品，从功能上延长了产品的使用寿命，减少了材料浪费。零部件简单易组装，且材质光滑平整，边缘柔和，在儿童和家长一起组装的同时为产品注入了满满的回忆。其局限性在于产品组合方式大多控制在两到三种，每种组合方式较为固定，用户发挥主观能动性

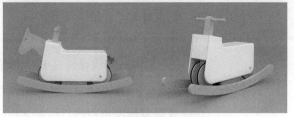

DIY 组装摇摇马

的空间较小，且零部件并不能充分重组利用，仍有少部分未能参与产品的自身循环。单个产品的零件组合方式总是有限的，且遇到某部件损坏的状况发生时，怎样进行高效、便捷的更换仍待研究，如何更大程度上地发挥重组这一特性从而实现更全面的可持续循环成为值得探讨的问题。

或许可从品牌入手，将可持续产品互相关联。如今市场上不缺各类零售品牌，它们具有统一的风格、统一的价值导向，产品大都是以零

售的面貌呈现，其数量庞大，产品种类繁多，提供给消费者的选择看似很多，但实则是控制在规定范围内的，人们无法买到没有生产出的产品。"如何让顾客购买到商家并未生产出的产品。"这看似是一句悖论，但它是可以实现的，前提是建立一个可持续的零件网络，当每个零件被拆分开进行统一展示的时候，它就有了无数组合方法，同时由于部件是统一机械化生产的产物，回收以及更换变得更为简单可行，更利于可持续的实现。

（3）打造产品共享理念

在社会学的概念中，文明本身就是由全体人类共同构建并共享的一种成果，这既包括实体的物质，也就是人造物，也包括非物质的知识、社会规范和共同认知。在共享自行车、共享电动车、共享汽车盛行的年代，"共享文化"在一定程度上减少了资源的消耗，并节约部分成本，是很好的"可持续"方向。

在全龄友好的设计研究中，协同共享是重要途径。首先是找到利益相关者，这一群体较为广泛，诸如设计者、合作伙伴、公司机构、社区民众以及特殊用户等。在定义特殊用户以及他们的需求之后，通过协同设计的流程，让用户参与到设计中来，以共享其需求和知识推动设计的进程，通过整理和分析用户测试的反馈，不断完善，最终获得成果的产出。利益相关者的多样化，意味着他们来自不同的领域，对设计项目有不同的思考和优先级，这提供了不同的视角，有利于整体看待所面临的问题，也有利于将方案成果更好地惠及所有群体。在协同共享中，弱势群体可以分享其特殊需求；专业人士或爱好者可以提供专业知识或经验。之后通过跨领域研究，利用辅助技术便能够实现从特殊群体推向主流大众。

儿童对产品的兴趣是短暂的，且儿童的天性使其对外界有更强烈的渴望，希望更快速地认识和了解世界，对玩具以及新鲜事物的需求量较大，从而容易造成大量玩具产品闲置。设置独立的共享机构可以为儿童提供不同风格的产品，并在一定程度上减少家长用于购买产品的花销，且专业的共享机构可以更好地循环这些产品，统一消毒杀菌以及回收，最后按照规章制度进行发放和展示，减少了对家庭空间的占用，并满足了儿童的好奇心，有利于从小培养资源回收意识。

5.3.2 关系可持续：促进情感流动

（1）亲子情感激励设计

亲子情感需要在日常点滴中维系。倘若在产品中赋予亲子记忆与情感，可以使情感可持续与产品可持续共同发展。心理学上有一个概念叫作"反馈效应"，即成果反馈能够推动效率和质量的提升。很多互动产品通过游戏的方式让用户之间产生了互动，但是互动产品不仅要注重互动的过程，同时也要注重互动的成果。互动的成果可以体现互动的价值，能推动互动效率和互动质量的提升，从而避免毫无目标的互动。

在隔代互动的过程中，最好能产出一定的成果，这样不仅能满足儿童和老人的成就感，对祖孙的深入互动有积极的反馈激励作用，同时互动成果的呈现也便于让儿童的家长及时了解到祖孙的互动情况，对祖孙在家中的生活更加放心，如果互动的成果得到了孩子父母的表扬，更能促进祖孙的关系和谐发展，积极肯定的评价促使成果成为互动的纽带。在每一次互动成果的不断累积中还能看到祖孙的成长和进步，这也是对祖孙之间和谐互动的肯定，从而形成良好的循环。

隔代互动过程中产出的成果可以以虚拟的形式存储在手机等电子产品中，也可以产出实物进行保存。相比虚拟形式的成果，实物成果更便于留作纪念，给祖孙带来美好的回忆，更能提升祖孙之间的情感体验。互动的成果还可以与他人分享展示，能得到他人的认可和赞赏更是一种鼓励，进一步给用户带来成就感，让祖孙都能继续发挥自己无限的想象力和创造力，激发自己的潜能，体验创作的乐趣。

（2）拓展多维度社交互动

友好型玩教具应该适应于多样的互动场景。祖辈与父辈在孩子教育问题上都有行之有效的教育经验。父辈作为孩子的主要教养者，受到信息革命的影响，往往遵照科学的教育理念和教育知识，形成一套教育孩子的教育方式，并遵照这种方式规划孩子的发展道路，为实现孩子的健康成长奠定良好的基础。祖辈作为辅助者，有着养育子女的实践经验，并且从过往的生活经历中总结了丰富的经验，能够帮助子女更好地应对孩子在成长发展过程中遇到的问题和挑战，少走弯路。玩教具是促进亲子关系发展的纽带。在互动中，儿童能够感受到家长的照顾和关爱，也能够感受到来自家长的尊重，从而增强儿童的自信心。

用户借助玩教具与其他隔代家庭产生社交联系，不同的隔代家庭之间有着共同的话题和互动需求，不同隔代家庭之间的互动可以触发不同观念的碰撞，方便祖辈改进落后的教育理念。由于老人需要照顾孙辈，可能失去了原有的社交圈，难免会有失落感。儿童也需要锻炼社交能力和人际交往能力，尤其是 3~6 岁的儿童已经开始展现出和同伴交往的意愿。

隔代双方都有社交需求，隔代互动教育产品可以提供网络社交媒介，帮助老人和儿童融入社会环境。老人和儿童通过产品社交平台分享自己的互动成果和祖孙的日常生活，还可以通过网络比赛获得与其他隔代家庭互动的机会，同时还能通过产品的定位与附近的隔代家庭相识，儿童可以借此得到展示自我的机会，培养自己的社交能力，老人也可以学习借鉴其他老人的育儿经验，融入城市生活的社交圈。隔代家庭之间的互动增强了祖辈与孙辈的内部凝聚力，进而有效推动隔代互动。

（3）参与式设计与 DIY 型玩教具

友好的设计，并不是把儿童限制在一个大人精心设计的框架中，期望他们在这个框架里演绎替他们设计好的设定，而是有足够的空间，让孩子自己发展，提供原则但不过度介入，在松散自由的环境中得到启发。儿童参与在设计的过程中常常被忽略，或是被主导设计的权威者以主观或刻板的印象，将孩子的喜好、感受、需求简化、扁平化。儿童不是研究的"对象"，他们可以成为共同研究者、知识和意义的共同建构者，以及他们自己的个人和社区发展的代理人。参与式设计旨在将人们聚集在一起，讨论影响他们的问题；他们通常会发展成集体想象，并在一定程度上采取行动来解决问题。参与式设计将研究和行动流畅地联系起来。在实践经验中，儿童的参与可因目的及方法大致分成两大类型：①借由尊重孩子、有意义的参与，提供信息、意见及想法。②通过主动且不介入的观察，获得一手信息。

参与式设计不是一套公式流程，而是在设计中让产品更贴近使用者的一种设计方法。每个设计方案对参与程度的要求不同，这取决于设计师对设计方案的理解与诠释，没有一个可以复制粘贴的公式。进行设计前，设计师应对参与对象有基本理解，根据不同情况，设定参与者的角色、参与的方式与介入设计的程度。为儿童设计的结果固然重要，但设计价值的核心，是在设计过程中通过观察发现问题，确立研究内容和观点。在这个过程中，跨领域的观察与学习是绝对必要的，从历史学、社会学、心理学、行为学、哲学、教育学等不同领域的研究中，看见童年的群像。

DIY 型玩教具即产品设计的最后一步由用户自行动手完成，不仅培养用户的动手能力，同时可以为企业节省物流成本，增加产品的趣味性。在家长带领儿童自主制作的过程中，加强了亲子合作，获得更多的情感传递。在设计 DIY 型玩教具的过程中，特别需要规划玩法和创作的步骤，把趣味性步骤留给用户；还要为用户提供基础材料，同时预估儿童与老人的能力，引导和帮助用户顺利完成作品，获得成就感。

"Moje male"是专为学龄前儿童设计的木质恐龙玩具，专注于发展精细运动技能。该产品使用木头制作，家长和孩子可以利用配备的彩绳按自己的想法将木块串接起来，制成独一无二的恐龙。

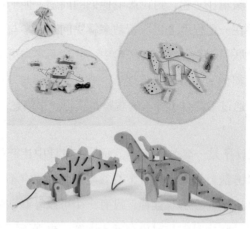

Moje male 木质恐龙

第 6 章

/全龄友好型玩教具设计实践

前文针对隔代教育家庭梳理了用户的需求列表，建立了隔代互动的需求层次模型，提出了全龄友好型玩教具的理念及其设计策略。本章将根据玩教具设计要素矩阵筛选互动方案，并基于前文提出的设计策略展开设计实践，将情感意象转化落实到具体的产品形象和产品功能上。

6.1 / 设计定位

根据前期调研得到的人物角色画像，将全龄友好型玩教具设计的目标用户设为城市隔代家庭中有一定文化基础的老年人和 3~6 岁的学龄前儿童，这类家庭相对来说会更加重视儿童的教育，更加关心儿童内心情感的表达，且这类家庭的老年人更有自我价值追求，渴望满足精神世界的情感需求。

根据前期对祖孙互动生活的观察，将隔代互动的场所分为户外和室内。由于祖孙在室内共处的时间更长，且考虑到老年人的体力、户外的天气等客观因素，祖孙在室内的互动质量更高，室内互动产品的设计空间更大，因此本书讨论的全龄友好型玩教具的使用场所聚焦在室内，但是同时也可以适当考虑一些户外的互动场景，以尽可能满足更多的互动需求。

6.2 / 互动方案的评价决策

代际融合的共识属性指祖孙在生活方式、生活理念及产品使用方面的一致性。调研发现，与祖父接触较多的孩子往往对下棋、书法等更感兴趣，而由祖母照顾的孩子则对社交、烹饪等更感兴趣。本书将祖孙作为深度调研对象，整理、归纳各对祖孙在日常生活中一致性较高的活动项目，并将其定义为"组内共识点"，将各"组内共识点"按照出现频率由高到低的顺序进行排序，选取出现频率较高的共性项目作为"祖孙共识点"，在此基础上制定设计方向。

本书的第3章中已通过调研得到了老人和儿童的兴趣爱好参考表，从表中提取出老人和儿童共同喜欢的适合两个人一起参与的活动：音乐舞蹈、运动健身、练字绘画、棋牌桌游、阅读学习、手工艺。为了从中科学地获取最适合祖孙进行隔代互动的兴趣爱好活动并将其作为设计切入点，本研究让设计专家、祖辈和父辈家长等相关人员进行决策。本研究给这些兴趣爱好定义了具体的互动方式，如下表所示，以便决策人员能够更好地理解。

友好型互动玩教方案

兴趣爱好	互动方式	玩教具方案
音乐舞蹈	合奏、创作乐曲	新型乐器玩具
	引导动作，唱跳合作	多感官跳舞毯
运动健身	全身运动，学习指定动作，如太极拳、武术等	智能锻炼机器
	锻炼反应力与手部动作	小型竞技玩具
练字绘画	合作完成书画作品	协同书画产品
	读写结合，创作与认知学习	练字学习型产品
棋牌桌游	电子棋盘对弈下棋	共乐棋
	合作拼图、搭建、认知学习	模块构建类玩具
阅读学习	游戏化互动卡片学习	卡片早教机
	触屏交互式学习，包括图像、动画、故事等	智能早教机
手工艺	合作 DIY 手工艺作品	模拟陶艺玩具

本研究共招募了 36 位被试者，邀请被试者针对以上方案的友好度用李克特量表法 ❶ 进行打分并取其平均值，"非常满足""满足""不一定""不满足""非常不满足"分别计 5、4、3、2、1 的分值。同一个互动方案可以有不同的形态外观设计，且审美性的指标权重值相对较低，因此在决策互动方案阶段可以先不考虑审美性的指标，在选定

---

❶ 李克特量表是一种心理反应量表，由一组与某个主题相关的问题或陈述构成，通过计算量表中各题的总分，可以了解人们对该调查主题的综合态度或看法。

互动方案之后设计产品时需要考虑审美性指标进行产品形态的优化。最终由评选结果可知，被试者对方案偏好的前五位排序为：练字学习型产品 > 协同书画产品 > 新型乐器玩具 > 模块构建类玩具 > 卡片早教机。因此，针对这几类玩教具产品构思方向进行玩教具产品概念设计。

6.3 / 方案一：互动练字板

6.3.1 产品定位

全龄友好型玩教具可以借助智能科技手段，融合传统活动、老人兴趣、儿童需求等多种因素，使其玩法变得通俗易懂，同时让产品更具新鲜感。结合先前的调研及理论成果，充分考虑老人与孩子的不同特征和需求后，最终决定以老人练字和孩子识字的功能为切入点，让玩教具在吸引孩子注意力的同时，也能增进隔代之间的情感联系，促进家庭的和谐发展。这样的设计理念不仅能够满足不同年龄段用户的需求，还能为家庭成员之间的互动和交流创造更多的机会，使家庭氛围更加温馨、融洽。此外，通过这种方式，还可以传承和弘扬传统文化，培养孩子们的识字能力和书写习惯，让老人在练字过程中也能感受到乐趣和成就感。这种创新的设计无疑将为玩教具市场带来新的活力和发展机遇。

互动练字板通过投影技术将互动内容投影到墙上，根据人体工程学，配备一支触感类似毛笔的电容笔，模仿毛笔的练字效果。产品的可玩性高，大人可以通过练字体会乐趣，儿童则可以观摩大人的笔法并识字组词，稍大一些的儿童也可以独立进行书法体验。在内容的设置上分设年龄段，参考生字表选取适龄儿童认识的字存入字库。产品的练字功能契合老人的兴趣，同时又在一定程度上满足儿童的认知需求，通过此项学习型互动可以增进祖孙之间的感情。

6.3.2 设计草图

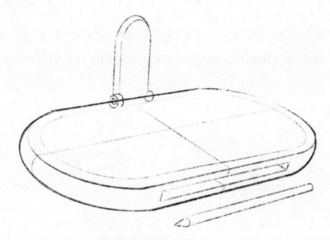

互动练字板设计草图（一）

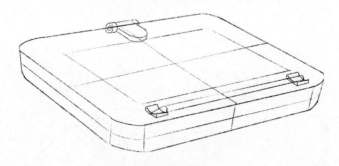

互动练字板设计草图（二）

草图（一）：砚台是中国书法不可或缺的用具，用于磨墨。砚台与笔、墨、纸合称为中国传统的文房四宝。作为文房用具的典型代表，砚台的形象可以应用于此产品的设计。在外观设计上，练字板整体造型模仿椭圆形砚台，前方设置可折叠摄像板，侧面设有凹槽用于收纳笔。

　　草图（二）：为了改进笔的放置位置，需要重新思考产品结构。该方案中，整体底板呈方形，摄像板设计得较小，主体上设置了笔架，使练字过程更具仪式感。然而，这种结构会影响操作，不利于书写。

　　草图（三）：对草图（一）中的圆形练字板做进一步改良，缩短摄像板，使产品更加精巧。同时改进了练字板的边缘，以弧形凹陷包围屏幕，使整体造型更加统一。边缘的凹陷处也是放置笔的位置，更便于拿取。

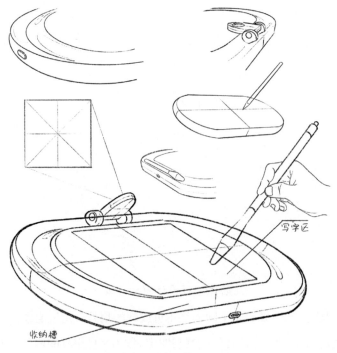

写字区

收纳槽

互动练字板设计草图（三）

6.3.3 建模及渲染

对草图进行评估后，筛选出草图（三）进行建模及渲染。利用 Rhino 软件，经过挤出、放样、布尔运算等工具进行模型制作，最终通过多次设计对比，从模型比例、倒角程度、实际考量等多个方面考虑，最终确定造型。整个产品的尺寸为 32cm×20cm×2cm。

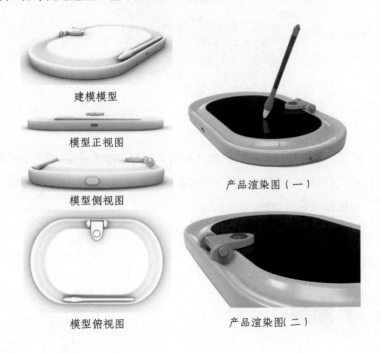

建模模型

模型正视图

模型侧视图

产品渲染图（一）

模型俯视图

产品渲染图（二）

6.3.4 设计说明

产品主要由练字板、投影板、无源数位毛笔组成，其外形的设计灵感源于书法配套产品中的砚台。产品配色方案选取奶黄色与灰色，奶黄色作为主体颜色能较好地满足老人和儿童的审美需求，使老人和孩子在使用产品的时候更投入。

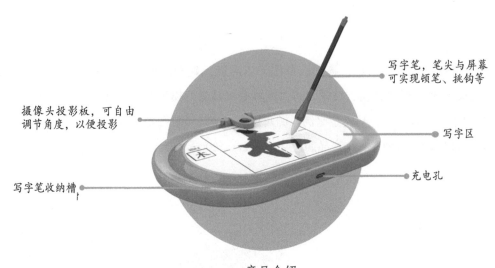

写字笔，笔尖与屏幕可实现顿笔、挑钩等

摄像头投影板，可自由调节角度，以便投影

写字区

写字笔收纳槽

充电孔

产品介绍

产品主要为触屏操控，因此其界面交互设计非常重要。首先对产品进行系统性设计，包括颜色、字体字号、各类控件的样式、布局样式等，形成视觉设计规范。

标准色

#d7d7d7

#dfad6a

#d7d7d7

标准字体

样式	字号	使用场景
楷体	8	屏幕左侧生字栏
楷体	50	中间练字框
楷体	20	年龄选择

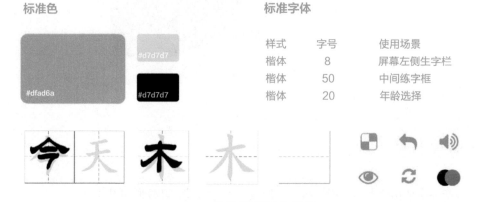

产品界面视觉规范

界面整体结构设计为三个区域，中央为练字区，左边为字库选择区，右边为工具及调墨区。

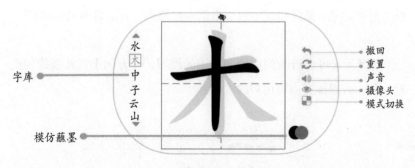

产品界面功能

为了实现压感与笔触效果，使用了新型触摸屏技术，可实现用笔或手指的高灵敏度输入。特别是笔压感知功能可还原在真实纸张上书写的感觉，还可模拟毛笔质感在界面内进行调墨，可表现"顿笔""挑钩""提笔出锋"等汉字书法的基本要领，产生深浅浓淡不同的笔画效果，最大限度上还原老人练习书法的感觉。书写笔画可投影，儿童能随之认字、组词；在老人完成书写后，可对书写的文字进行读音播报，并展示拼音。该款产品能丰富老年人的生活，互动中保留的书法文字具有仪式感，丰富了祖孙的玩教体验。

6.3.5 玩教梯度设计

字帖的设置

为了满足多样化的用户需求，产品设置了多个玩教梯度。入门模式从单字训练开始，界面中默认开启字帖模式，能够更好地帮助用户调整与对照笔触。熟练情况下可以取消字帖模式，开启自由书写模式。

高级玩家可以进阶到词语和成语的练习，一方面丰富儿童的词汇量，另一方面提升书写用户的成就感。

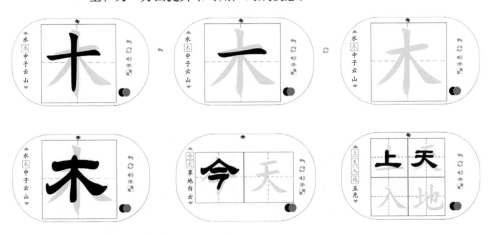

训练模式设置

6.3.6 玩法流程

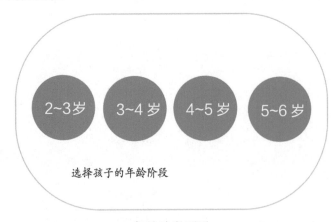

年龄阶段预设

互动练字板是一款隔代亲子互动玩教具，主要玩法为模拟毛笔练字及汉字认读。以下为该产品的使用流程及说明。

①启动开关，点击屏幕选择孩子所处年龄阶段，产品会根据所选年龄阶段进行字库的推荐。

②点击是否开启摄像头（默认为开启），随之调整摄像头角度，以便更好地投影。

使用场景图

③老人根据字库推荐开始练字，可选择字帖模式练习笔法。在屏幕上每写一笔，即投影一笔，若书写有误可点击屏幕中的"撤回"或"重置"。当老人写完字后，可点击右边的声音键，产品会播报字的读

音，并同时展示字的拼音，帮助儿童更好、更准确地认字。

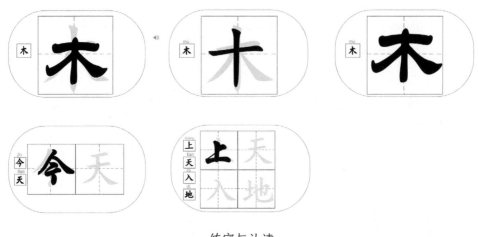

练字与认读

6.4 / 方案二：摇摇音乐棒

6.4.1 产品定位

音乐类玩具一直是受家庭欢迎的玩教具类型，但现有产品仅仅是拥有不同外观的发声物体。单纯模仿、缩小、组合乐器，对儿童的吸引力是短暂的。对于祖辈而言，较少有机会参与到儿童的音乐互动游戏中。针对音乐玩具进行友好设计的摇摇音乐棒适合家庭中不同成员之间的互动。通过设计调研，提取出"互动""创作""节奏"三个关键词。根据关键词开展头脑风暴及产品构想，将该音乐玩具设计为集音乐模式、学习模式、创造模式于一体的产品，其亮点在于可以通过摇动频率来控制音乐播放的快慢，带动家庭成员参与快乐的音乐游戏。

6.4.2 设计草图

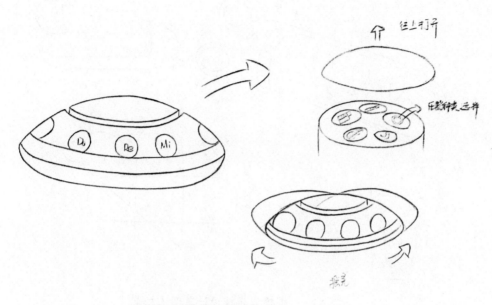

摇摇音乐棒设计草图（一）

草图（一）：以圆润的椭圆体为基础造型，在此基础上结合儿童喜爱的飞碟作为最终的产品形状。将多种乐器（如钢琴、架子鼓、敲琴等）融合在主体上，将不同乐器的音色、音调录入音乐模块，将音量调节、音乐循环等也录入模块，用户通过对按键进行不同的排列组合，并与控制器连接，从而使其发出不同的声音。儿童可以通过双手摇摆控制飞碟的速度，声音会随之产生速度的变化。该玩教具可锻炼孩子的创造思维、动手能力，同时可使孩子获得编曲成功的成就感。

草图（二）：考虑抓握的便利性，将产品外形塑造为圆耳胶囊体造型。在机体上设置大按键，满足编曲需求。互动方面，通过手持摇晃产品控制音乐的节奏，增强趣味感。

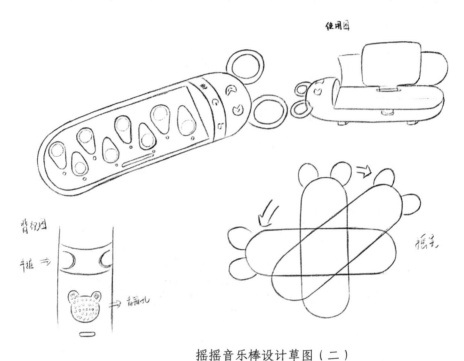

摇摇音乐棒设计草图（二）

6.4.3 建模及渲染

产品渲染图

对草图进行评估后我们认为草图（二）更具备全龄友好属性，确定其为最终方案。在产品深化阶段不断挖掘其表现形式，细致观察儿童与家长的手部动作。玩教具在造型上整体呈现出圆润、敦厚、可爱的外观，壳体表面做光面处理，与耳朵部分的硅胶材质形成对比，充分考虑用户的视觉与触觉体验。音乐按键设置明显，以颜色及符号编码区分。色彩上，选用明快鲜艳、饱和度高的配色；材质上，采用安全塑料。为了实现玩教具的可持续性，设计了配套儿歌卡片，用于音乐编程游戏。

6.4.4 设计说明

按键及指示灯

按下按键，指示灯会闪亮，
提示儿童操作有效；
插入音乐卡片时，指示灯会
按音乐顺序提前三秒亮起，
帮助儿童弹奏

开关模式及音量按钮

音乐模式和编曲模式可供玩耍，
音量按键可进行音量的调节

音响

使用圆耳造型，使整体元素相
同，音响孔便于出声

USB 接口及支点

支点便于稳定放置及弹奏，
USB 接口充电方式便捷

产品介绍

产品由主机和配套卡片组成。在友好感官要素层面，在产品外形上做减法设计，避免具体的卡通细节复刻，选用圆耳胶囊体造型提升全龄用户的接受度。操作端简化按键，设置音乐、编曲等多种模式。支持儿童独立玩耍，也支持家人参与音乐互动。音乐的节奏通过摇晃把控，增强趣味性。

6.4.5 玩法说明

（1）音乐模式

音乐模式即产品熏听的功能模块，通过音乐调动儿童的感官。可将配套卡片插入主机，按下播放键，即刻播放配套卡片上的歌曲；也可以由老人辅助，通过长按音乐模式按键，连接到手机蓝牙，播放更多线上歌曲。

（2）编曲模式

编曲模式

在编曲模式下，儿童可以按照自己的想法自由按音符键进行编曲，若确定完成则按下 0 键，玩具会记录下所创造的曲子并播放；长按 0 键，则清除编曲。这种自由编曲模式有助于培养儿童的思考能力与创造力。在初次接触编曲模式时，为了便于目标的实现，可以利用卡片获取帮助。老人可以依据卡片指导儿童有序按下音符键完成编曲，也可以直接插入卡片开启编曲引导模式，儿童根据信号灯的指引，更准确地完成一段有意义的编曲，从而获得成就感。

用以上两种模式播放音乐时，可以合上透明保护盖，手握玩具进行摇晃，音乐会随着摇晃的快慢而变化节奏，成为隔代亲子互动的节拍器，双方可以在自控的音乐节拍中找到新乐趣。玩具设计充分考虑了包容性，音乐、编曲等多种模式符合用户的思维认知水平，祖孙双方可参与开放的游戏过程并获得丰富的感官体验。

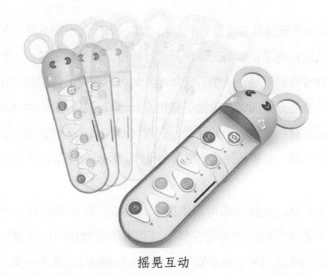

摇晃互动

6.5 / 方案三：海底迷宫

6.5.1 产品定位

孩子和动物之间的"亲近感"是与生俱来的。从出生开始，孩子就直接进入"亲近动物"的敏感期，随着成长，对动物的好奇心和求知欲越来越强。因此，家长都会鼓励孩子亲近动物。从简单地认识动物，到了解动物的习性，不仅能让孩子多了个特别的"朋友"，还能培养孩子保护动物的意识，热爱大自然，更会帮孩子萌发对生命万物更为博大的爱。

其中，缤纷绚丽的海洋生物作为动物中的一个大类，对儿童充满着吸引力。将海洋动物主题融入玩教具设计，不仅能够促进儿童对海洋世界的探索，还能普及海洋文化，激发家长的分享欲。

认知类玩教具的主要目的是在"寓教于乐"中提高孩子的认知能力。儿童在使用认知类玩具产品的过程中，通过自主学习、积累经验而使自身得到发展。认知类玩具涉及的内容广泛，包括物质世界以及人文社会的方方面面，难度等级也有所区分，从一般的对物体形状、大小这类自然数理知识的认知，到对社会人文知识的认知。儿童可通过认知玩具一步步认知这个复杂的世界，从而构建出自己的世界观。

海底迷宫玩教具采用模块搭建的形式，在拼装的过程中可以开展亲子合作，同时让儿童在拼装过程中了解海洋环境及海洋生物的特点，锻炼他们的空间感知能力和手眼协调能力。在海洋生态环境恶化的大背景下，设计师旨在设计一款海洋生物主题的认知玩具以达到普及海洋文化的目的。设计师提取孩子们最喜爱的海洋生物元素并将其应用到玩具部件中，还加入了污染海洋环境的元素——海洋垃圾、渔网，增加玩具的可玩性，寓教于乐，使儿童在玩玩具时能学会保护海洋生态环境。

6.5.2 设计草图

海底迷宫设计草图（一）

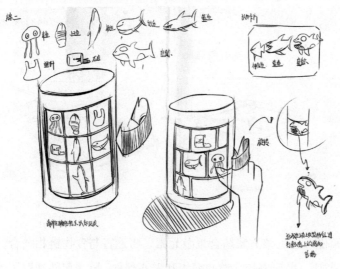

海底迷宫设计草图（二）

草图（一）：整体造型中设计了一个基础底座，模拟珊瑚礁底部，里面的玩具部件模仿珊瑚礁的基本形态，将其设计成模块化的积木构件，通过凹凸结构进行插接搭建，此外还有海洋生物形象的部件，通过与手机App上的图片关卡结合，将部件摆放到正确的位置，再用手机拍照打卡。这一玩具能训练孩子的观察能力以及逻辑思维能力。

草图（二）：该方案整体造型设定为圆柱体，外围是一个部分镂空的壳体，中心为可以转动的三层圆饼状部件，由上至下分别代表食物链中的高级消费者到低级消费者，还包括垃圾、石油、渔网等不能构成食物链的元素，通过转动里面的圆盘使儿童了解海洋生物的食物链。

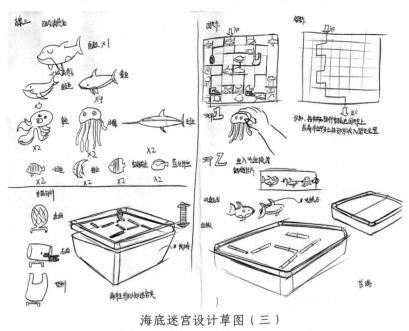

海底迷宫设计草图（三）

草图（三）：该方案结合桌游元素，将迷宫与食物链相结合，包括闯关卡片、提示卡片、游戏面板和游戏部件。游戏部件选取了十种受欢迎的海洋生物，以及干扰元素——海藻、珊瑚，海洋生物部件通过磁吸堆叠的形式表示捕食与被捕食的关系。游戏中，依据关卡地图将海洋生物摆放到对应位置，通过规划和移动海洋生物路径进行游戏闯关，以此增强玩教具的可玩性，锻炼儿童的动手能力以及逻辑思维能力。

通过对三个方案的深入思考，可以发现方案（三）相较于方案（一）和方案（二），其玩法形式新颖，更能满足用户的感官需求，多个难度由低到高的关卡更具有可玩性和挑战性，故而确定方案（三）为最终方案并进一步深化。

通过用户调研可以发现大部分孩子和家长对鲨鱼、鲸鱼、水母、小丑鱼等海洋生物比较熟悉。基于调研结果，玩具的部件将选取以下几种受欢迎程度较高的海洋生物，即位于食物链顶端的虎鲸，三级消费者的鲨鱼、鲸鱼，二级消费者的章鱼、水母、金枪鱼，位于食物链底端的消费者小丑鱼、镰鱼、蝴蝶鱼和蓝倒吊鱼。所选的海洋生物之间的捕食与被捕食关系如下图所示。

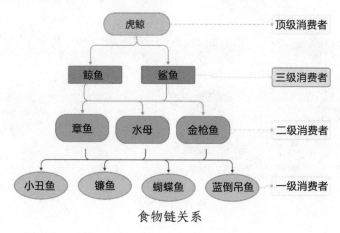

食物链关系

虎鲸:位于海洋食物链的顶端,是海豹的天敌,会捕食一些大型鱼类,其中包括鲨鱼以及体积较大的鲸鱼。

鲨鱼、鲸鱼:鲨鱼由于锋利的牙齿以及高超的捕食技巧,其在食物链的位置仅次于虎鲸。鲸鱼由于庞大的体积位居三级消费者,其在海洋中主要捕食小型鱼类以及金枪鱼、旗鱼等中型鱼类。

水母:作为海洋中的腔肠动物,常常聚集漂浮在海洋中,其体内有毒素,通常通过分泌毒素的方式进行捕食,其捕食对象为小型鱼类。章鱼作为海洋中的软体动物,和乌贼是近亲,通常捕食小丑鱼、蝴蝶鱼等小型鱼类。

小丑鱼、镰鱼、蝴蝶鱼以及蓝倒吊鱼:作为海洋中的小型鱼类通常捕食一些藻类植物以及磷虾等动物。

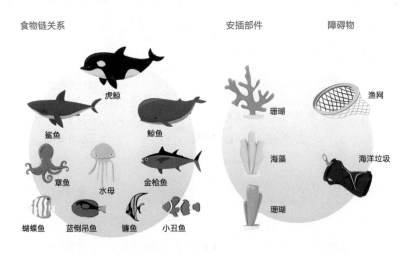

海洋元素设计

6.5.3 建模及渲染

利用现有的草图方案以及建模软件进行产品建模，反复修改，确定产品的最终造型。利用 Rhino 软件，针对主体及配件进行初步建模。利用单轨扫掠、修建切割、布尔运算差集等工具完善玩具设计的相关细节，包括盖子处设计增加摩擦力的纹路，调整安插部件的圆滑程度等。

玩具建模

完成产品最终模型之后，利用 KeyShot 渲染完成效果图。对产品模型进行精细的调整和优化，包括材质、光照、阴影、反射等参数的设定，使其更加接近真实世界的效果。通过选择合适的背景、添加适当的道具和灯光，我们可以营造出更加生动、逼真的产品展示环境，进一步提升用户的视觉体验。最后，在渲染完成后进行细致的后期处理，包括色彩调整、图像优化和输出设置等。

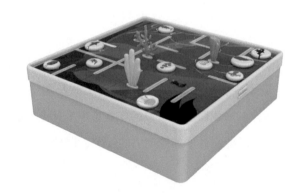

产品渲染图

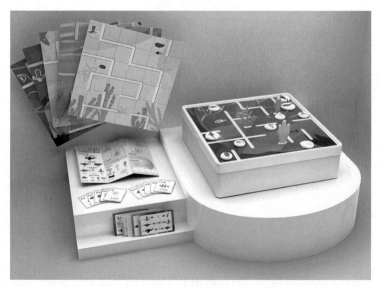

场景图

6.5.4 设计说明

此套玩教具名为"海底迷宫"。产品整体色系为蓝色，加上不同的海洋元素，整体颜色丰富、饱和度高，在视觉上吸引注意力。玩具由游戏面板、收纳底座、安插部件组成，搭配迷宫关卡纸板、认知卡、提示卡、说明书等纸质材料。其中，安插部件包括 9 个海洋生物及 3 个障碍物部件。游戏面板、游戏部件以及收纳底座选取塑料材质，面板上可移动的海洋生物选取木材质，利用磁铁实现堆叠效果。

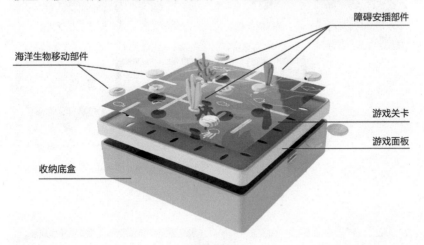

海洋生物移动部件

障碍安插部件

游戏关卡

游戏面板

收纳底盒

玩具结构

关卡地图的背景设计采用明亮的插画风格，营造蓝色的海底景观氛围。为了辅助引导用户安放配件，地图上做了配件位置图案标记。随着游戏的推进，地图上的配件提示图标做了梯度简化设计，逐步检验用户对海洋生物的认知匹配能力，提升了挑战性。

认知卡简化了信息，通过边框的不同设计区分海洋生物和障碍物。卡片重点展现海洋生物的图像和名称，并为文字标注拼音，帮助用户在玩中学习海洋生物知识。

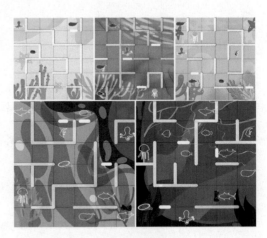

关卡地图设计

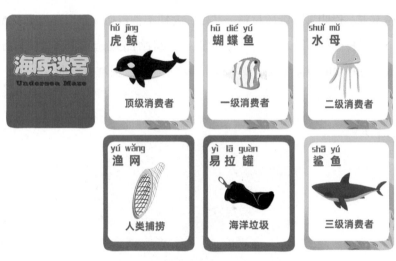

认知卡设计

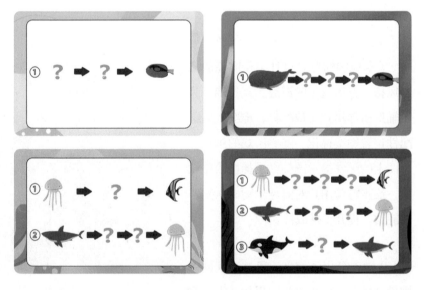

提示卡设计

　　提示卡主要提示食物链信息，卡片内容以图为主，对该关卡中的食物链顺序进行部分提示。在内容设计上，随着关卡的升级，难度也随之增大，食物链会变得更长、更多。

6.5.5 玩法说明

儿童选择关卡纸板将其放置在游戏面板上，将海洋生物部件摆放到迷宫关卡纸板上对应的位置完成第一步；随后根据提示卡上给出的信息，思考并规划海洋生物的移动路径，目标是按照食物链规则以堆叠的方式"捕食"次级生物，在移动部件走迷宫的过程中训练逻辑思维能力和动手操作能力。其流程如下图所示。

玩法流程

游戏规则提示。

①同级之间不能互吃。②上一级可吃多个下一等级的鱼。③关卡中需按等级大小逐次吃掉最底层的鱼。④行驶路线不能返回，如吃鱼后遇到地图上的渔网、海洋垃圾等干扰因素阻挡去路时应回到起点。

6.6 / 方案四：本草说早教机

6.6.1 产品定位

中草药文化作为我国历史悠久的文化遗产，从远古的神农尝百草传说开始到现在已经积累了丰富的文化内容和文化资源，不仅涵盖了中草药的药性、使用方法和治疗效果，还蕴含了丰富的人文元素，比如关于中草药的历史人物和传奇故事。作为中国传统文化的瑰宝，中草药文化是劳动人民智慧的结晶，展现了中国人民不屈不挠、勇于探索的精神。随着文化建设的不断推进和人们对健康的日益关注，中草药文化的传承与发展越来越受到重视。

国务院印发的《中医药发展战略规划纲要（2016—2030年）》中指出，传承和弘扬中华优秀传统文化，迫切需要进一步普及和宣传中医药文化知识。目前，中草药文化的传播方式主要包括以下三个：第一个是通过借助地方丰富的中草药文化资源，创建具有地域特色的中草药分支，对中草药进行宣传；第二个是通过编撰和发行中草药图鉴类书籍，进行专业而系统的知识科普；第三个是通过普及养生理念来提高民众对中草药文化的了解。儿童作为国家和民族的未来，肩负着继承与弘扬中华优秀传统文化的重要使命，但是目前缺少将中草药文化推广至儿童群体的手段。

中草药文化是中老年人比较感兴趣的话题，但此文化对于儿童来说非常陌生且相对晦涩。科普玩具作为一种寓教于乐的教育工具，可以借由中草药文化形成独特的玩教主题，通过友好的设计，打开中草药文化传播的途径。以活态传承的方式，在用户快乐玩耍的过程中，潜移默化地传承文化。

中草药的研究依赖于传统的药用植物资源，而传统药用植物知识的科普教育仍然停留在文字和图片的描述阶段，这非常不利于中草药知识的传播。当下国家对国民文化素质的培养越来越重视，科普读物作为儿童学习科学知识的媒介，对儿童的成长起着重要作用。所以为了区别于普通的传播媒介，将卡片早教机与中草药知识结合起来，配置的图卡可以实现知识解读和游戏互动。将中草药文化融入早教机外形，尽量小巧，方便携带。产品整体符合现代的潮流和审美，达到吸引消费者的目的。

6.6.2 设计草图

草图（一）：立插式早教机。外观造型上，顶端采用中药箱提手的形式进行设计，背面加入中药柜圆环把手的元素，按键参考中药柜选用的是长方形。功能设计上，关于中草药知识科普、配方科普、中医本草十大名著等可以选用点读模式，中草药故事可以通过熏听模式播放，游戏模式如插入有多种中草药图片的卡片可进入互动问答环节。

草图（二）：揭盖式插卡早教机。早教机的外观形式与草图（一）一样。在玩法上增加了绘画功能，有单独的卡片可进行绘制。外观设计参考古代药箱的外形进行再设计，偏向卡通风格，揭盖式的形式可以实现将盖子合起来便于手提。

草图（三）：抽拉式插卡早教机。该产品的科普内容包括中草药小故事、配方（药方、饮品等）、中医本草十大名著、十大名医。产品全屏可按，对于不认识的字等可以点击进行重复语音播报。关于互动问答的设置，将多种中草药整合在一张卡片上，引导用户在屏幕上点击图片回答问题。外观设计上借鉴抽拉式中药柜，按键部分可隐藏，需要时抽拉出来即可，灵芝摆件可自动弹出来。

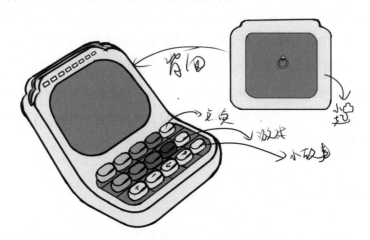

本草说早教机设计草图（一）

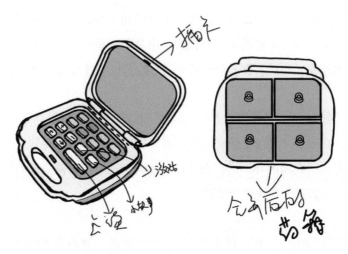

本草说早教机设计草图（二）

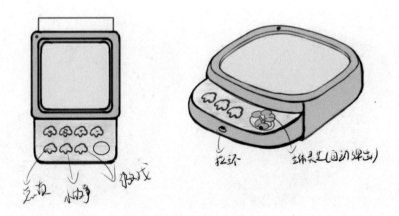

本草说早教机设计草图（三）

通过三个草图方案的对比分析，选择草图（一）为最终方案，并对其进行了完善和优化。草图（一）相比于草图（二）而言，操作方式更加简便，在配色及卡片的设计上更能引起儿童的兴趣，也方便营销；与草图（三）相比，草图（一）的外形设计参考了中药柜，中草药主题特征更加明显，而且插卡区有一定角度，方便儿童的观看和使用。

6.6.3 建模及渲染

使用 Rhino 进行 3D 建模，根据选定好的设计方案，首先对产品的尺寸结构等进行规定和完善。通过布尔运算、分割等方法建立早教机 3D 模型，经过反复推敲，最终完成该玩具模型的制作。

通过 KeyShot 对模型进行渲染。其中早教机整体框架部分选用了塑料材质，按键部分选用了硅胶材质，亮灯部分选用了玻璃材质。整体模型主要采用绿色和黄色这两种颜色。背面的设计加入了中药柜的圆环把手元素，与中草药主题相呼应。因为科普过程中有语音播报，所以配备有音孔。

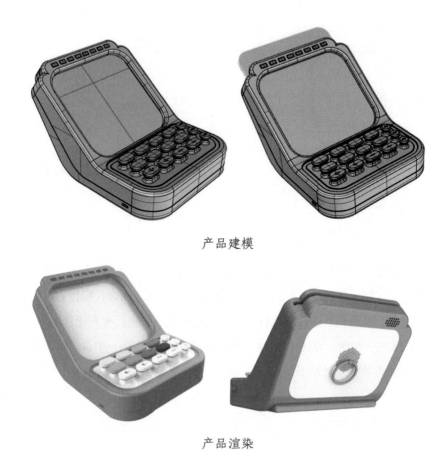

产品建模

产品渲染

6.6.4 设计说明

中草药文化科普玩教具本草说早教机由主机和卡片两部分构成，该产品的主要功能为普及生活中一些常见的中草药知识。在厨房里、水里、花园和郊外、树上选取十八种中草药进行科普。该早教机配备有按键，可以在点读、熏听、游戏这三种模式中进行切换，插入游戏卡片也可根据按键回答问题，增加科普过程中的体验感，配备显示灯可以进行游戏互动。

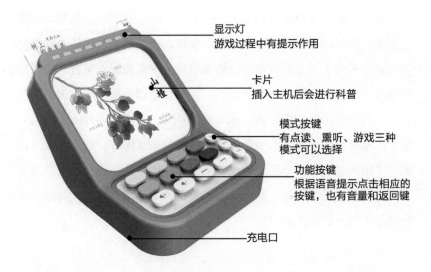

显示灯
游戏过程中有提示作用

卡片
插入主机后会进行科普

模式按键
有点读、熏听、游戏三种
模式可以选择

功能按键
根据语音提示点击相应的
按键，也有音量和返回键

充电口

产品说明

玩具的安全性是首要考虑因素，本草说早教机的材料选择从成本角度和安全角度出发，以 ABS 塑料[1]为主要制作材料。ABS 塑料成本低，易加工，表面可以处理至光滑无毛刺，不会刺伤儿童皮肤，无异味不会对儿童嗅觉造成刺激和身体伤害。按键部分选用硅胶材质，具有柔软、安全、无毒无害等特点，可避免儿童在回答问题点击按键时手滑。

在早教机主体外观色彩设计上，对于中草药人们最先想到的是植物类，因此选定绿色和淡黄色两种颜色作为主体设备的颜色。功能按键根据玩法选取了绿色系的不同颜色来进行区分，整体上增强了颜色的丰富性。

为了配合产品使用，配套设计了丰富的卡

卡片设计图版

---

❶　ABS 是丙烯腈、丁二烯和苯乙烯的三元共聚物，是一种用途极广的热塑性工程塑料。

片。卡片点读是一种简单的光学字符识别（OCR）技术，早教机只对黑色敏感，所以在卡的边缘印有黑色的条块，帮助读卡机确认卡的方向与位置。系列卡片主要有中草药知识科普、中草药配方科普、中草药炮制过程、中草药游戏这四个板块。在科普卡部分设计了六大主题内容，分别为厨房里的中草药、水里的中草药、花园和郊外的中草药、树上的中草药、中草药的炮制过程、中草药茶饮配方，帮助儿童认识生活中形形色色的中草药，也能为家长补充中草药知识，同时激发家长对中草药工艺的兴趣；在互动卡部分设计了记忆力训练、游戏，充分增强了用户的玩教参与感。

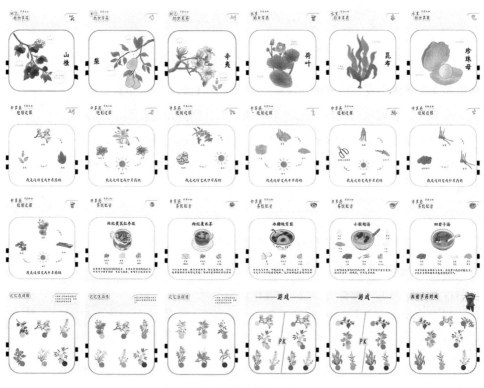

产品配套卡片

在卡片的设计上，首先建立基本图版。考虑全龄友好要素，卡片设计以简洁明晰为原则。左上角为卡片主题，右上角为图标，便于整理和辨认；中央区域是以图为主的点读区，图样采用手绘风格。为了满足儿童对色彩的认知，在卡片的色彩设计上采用多种颜色进行展示，例如"水里的中草药"这张卡片以蓝色为背景色。最后，配合 Photoshop 软件设计完成精美的系列卡片。

6.6.5 玩法说明

早教机的玩法有三种模式可以选择。在了解中草药的外形、功效以及一些在生活中的茶饮配方等后，通过游戏卡片检查知识掌握程度，其他时间可以点击熏听模式，听听关于这种中草药的故事等。

（1）点读模式

关于中草药的基本知识、配方和变成药的过程都可以选择点读模式，点击点读按键后插上卡片就会自动语音播放。

比如插入红枣中草药卡片，点击点读按键就会进行语音播报：哇！小朋友们，你们知道吗？红枣可是个超级棒的小果子呢！它红红的，甜甜的，不仅好吃，还有很多好处哦！红枣能补气血，让我们的小脸蛋变得红润润的，也能增强我们的免疫力，让我们不容易生病，还能健脾开胃，帮助我们消化食物呢。所以，小朋友们，记得每天吃两三颗红枣哦！

点读模式

（2）熏听模式

在小朋友坐车途中或者睡觉前，都可以点击熏听按键，不需要插卡片就可以播放枸杞名称的由来、蒲公英的传说等关于中草药的故事，也可点击箭头按键切换故事，每次点击听故事都会接着上一次的故事进行播放。

（3）游戏模式

单人游戏：点击游戏按键，插入游戏卡片后早教机会进行提问，比如"小朋友，卡片中哪一个是枸杞呢？"小朋友想出答案后可根据卡片上与图案对应的颜色点击相应颜色按键作答，巩固学过的知识。如果回答正确会全亮绿灯，回答错误会全亮红灯并有语音进行回答和补充。

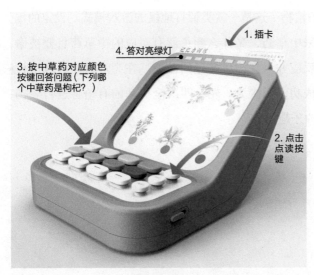

1. 插卡

4. 答对亮绿灯

3. 按中草药对应颜色
按键回答问题（下列哪
个中草药是枸杞？）

2. 点击
点读按
键

单人游戏

双人游戏：不同于第一种的是双人游戏需要两个人进行，插入抢答模式卡片，可以根据早教机的提问进行抢答，父母可以和孩子一同参与以增进亲子关系。回答速度最快的一方会亮绿灯。

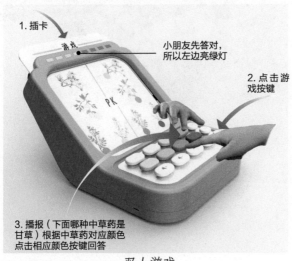

1. 插卡

小朋友先答对，
所以左边亮绿灯

2. 点击游
戏按键

3. 播报（下面哪种中草药是
甘草）根据中草药对应颜色
点击相应颜色按键回答

双人游戏

保护植物：这是一款类似打地鼠的游戏模式。设定的场景是有小偷要偷采中草药，亮什么颜色就有对应的中草药将要被偷，小朋友要迅速反应并点击相应颜色的按钮，在亮灯时间内点击相应按键就算保护成功，四次为一轮，四次全成功的有语音进行表扬，可以增强学习的乐趣。

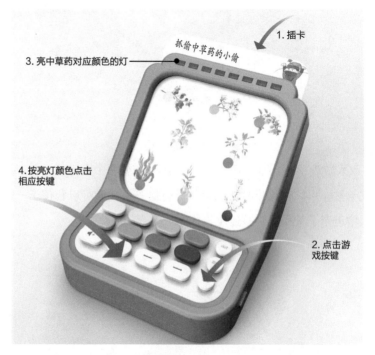

保护植物

|参考文献

[1] 李小云.包容性设计——面向全龄社区目标的公共空间更新策略 [J].城市发展研究，2019，26(11):27-31.

[2] 毛可，张翔.城市儿童隔代教育研究综述——基于21世纪以来 CNKI 的文献分析 [J].商丘师范学院学报，2018，34(8):89-93.

[3] WHO.Global age-friendly cities:a guide[M].Geneva，Switzerland: World Health Organization Press，2007.

[4] 国家发展和改革委员会社会发展司，国务院妇女儿童工作委员会办公室.中国儿童友好城市发展报告 (2023) [M].北京：中国计划出版社，2023.

[5] 程晓青，郑涂可，赵家杰.为了所有人——全龄友好设计的理念、趋势与实践综述 [J].世界建筑，2024，(6):4-11.

[6] 孙兰.幼儿园家园共育教育模式的有效性探析 [J].当代家庭教育，2023，(21):44-46.

[7] 玛利亚·蒙台梭利.童年的秘密 [M].单中惠，译.太原：山西人民出版社，2021.

[8] 邢亚龙，任玉洁.基于学龄前儿童心理特征的互动玩具设计研究 [J].工业设计，2021(6):58、59.

[9] 熊笑一.基于模块化设计的亲子互动型玩具设计研究 [J].玩具世界，2023，(6):20-22.

[10] 张琨琪，张君丽.隔代亲子互动模块化按摩玩具设计 [J].设计，2023，36(18):34、35.

[11] 陈虹，高婷.隔代教育中祖辈家长与父辈家长的代际差异研究 [J].少年儿童研究，2019，(5):46-55，63.

[12] 张兵利.幼儿玩具设计中的情感教育研究 [J].玩具世界，2023，(4):138-140.

[13] 张红颖，刘暄，张宗登.面向学龄前儿童的益智玩具交互设计研究 [J].家具与室内装饰，2023，30(10):71-75.

[14] 施聪伟.隔代互动教育产品情感化设计策略研究 [D].武汉：武汉理工大学，2021.

[15] 周恩玉，刘琳琳.CMF 在学龄前儿童玩具设计中的应用研究 [J].工业设计，2023(7):32-35.

[16] 赵星星.限制性设计在儿童产品中的应用研究 [J].工业设计，2020，(11):72、73.

[17] 薛艳敏，章铭铭，闫雯.以祖孙代际融合为导向的隔代亲子产品设计策略研究 [J].装饰，2022，(4):124-126.

[18] 黛布拉·莱文·格尔曼.数字时代儿童产品设计 [M].武汉：华中科技大学出版社，2017.

[19] 布鲁斯·布朗.设计问题：本质与逻辑 [M].孙志祥，辛向阳，谢竞贤，译.南京：江苏凤凰美术出版社，2021.

/附录

隔代家庭的玩教生活调查

1. 您的性别是？［单选题］*

□男

□女

2. 您的年龄是？［单选题］*

□ 50 岁及以下

□ 51~65 岁

□ 66~75 岁

□ 76 岁及以上

3. 您的学历是？ [单选题] *

☐小学

☐初中

☐高中

☐大学及以上

☐未上过学

4. 您目前有孙辈子女吗？ [单选题] *

☐有

☐没有 (请跳至第问卷末尾，提交答卷)

5. 您的孙辈的年龄是？ [单选题] *

☐ 1 岁以内

☐ 1~3 岁

☐ 3~6 岁

☐ 6 岁以上

6. 您目前的居住情况是？ [单选题] *

☐三代同居

☐祖孙两代同居

☐不同住，但时常去照看孙辈

☐其他 ＿＿＿＿＿＿＿＿＿＿＿

7. 您与孙辈每天的互动次数是？ [单选题] *

☐ 每天 1~2 次

☐ 每天 2~3 次

☐ 每天 3 次以上

☐ 无

8. 您与孙辈每次互动的时间是？ [单选题] *

☐ 每次互动 10 分钟以内

☐ 每次互动 10~30 分钟

☐ 每次互动 30 分钟 ~1 小时

☐ 每次互动 1 小时以上

9. 您在与孙辈的互动中更多的是扮演什么样的角色？ [单选题] *

☐ 陪伴和监督，看着孙辈玩

☐ 参与其中，孙辈主导

☐ 参与其中，您占主导

☐ 参与其中，两人一起出谋划策

10. 您经常与孙辈进行哪些类型的互动？ [多选题] *

☐ 聊天交流

☐ 讲故事，读绘本

□学习知识

□写字，绘画

□角色扮演，过家家游戏

□玩桌游（棋牌、桌面玩具等）

□玩电子游戏、体感娱乐游戏等

□运动（球类、游乐设施、户外活动等）

□音乐类互动（唱歌、跳舞、乐器玩具等）

11. 和孙辈的接触中，最让您开心的体验是什么？ [多选题] *

□丰富了生活内容

□学习到了新知识

□看到孙辈的成长

□感受到孙辈对自己的关爱

□自己的价值得到体现

12. 您与孙辈的互动中最大的困难是什么？ [多选题] *

□祖孙之间有代沟，找不到话题

□自己文化水平有限，无法科学指导

□自己的身体机能与体力跟不上

□有些玩具产品不会玩

□我喜欢的东西，孙辈不感兴趣

□事情太多，没有充分的时间与孙辈玩耍

☐其他 _____

13. 您希望在玩教互动中，自身得到哪些改变？[多选题]*

☐培养兴趣爱好

☐锻炼身体素质

☐提升使用电子产品的水平

☐价值观进步

☐适应年轻人的生活方式

☐其他 _____

14. 您希望通过玩具互动，孙辈有哪些改变？[多选题]*

☐培养兴趣爱好

☐锻炼身体素质

☐增强智力开发

☐培养动手能力

☐锻炼社交能力

☐增进亲子关系

☐其他 _____

15. 您更愿意选择什么样的玩教具给孙辈？[多选题]*

☐美观、漂亮、有质感的玩教具

☐具有趣味性的玩教具

□能参与互动的玩教具

□能帮助孙辈某一方面发展的玩教具

□能解放双手，让孙辈自己能玩很久的产品

16. 您家孙辈最经常喜欢玩的产品是什么？ [多选题] *

□点读笔

□平板电脑 / 手机

□构建类玩具（积木、乐高）

□玩偶、摆件

□角色扮演类玩具（迷你厨房）

□美术类玩具（手工、泥塑、画画）

□音乐类玩具

□运动类产品（球、攀爬架、平衡板等）

□童车类

□桌游类（卡牌、桌面游戏等）

□其他 _____

17. 您平时的兴趣爱好有哪些？ [填空题] *

_____

18. 您孙辈的兴趣爱好有哪些？ [填空题] *

_____

/结语

如今的儿童生活在一个物质丰富、科技发达的时代，他们所拥有的资源远比过去要丰厚得多。对于儿童来说，玩教具已不再仅仅是供其玩耍取乐的物件，它还蕴含着科学游戏的性质。让玩教具充分发挥其在家庭教育中的作用，需要将设计与社会学、教育学、心理学等相结合。

"全龄友好"在隔代教育场景中有较高的应用价值和应用潜力。在玩教具设计中引入全龄友好理念时，需要以家庭为核心，从不同用户的差异性需求出发建构友好玩教场景。全龄友好型玩教具尤其需要关注儿童、老人在互动中的特殊需求，做好梯度引导。利用设计手段打破代际互动界限，提升玩教具的开放性与可持续性，在新时代语境中凭借全龄友好的人文关怀理念可激发出更多玩教具的活性。